Anna Avital Müller

Mikrokosmos einer Diversität am Beispiel der Sorben in der Oberlausitz

Eine fragebogenunterstützte Untersuchung zum Fortbestehen der obersorbischen Kultur und Sprache vor dem Hintergrund ausgewählter wissenschaftlicher Aspekte und historischer Zusammenhänge

GRIN Verlag

Bibliografische Information der Deutschen Nationalbibliothek:

Die Deutsche Bibliothek verzeichnet diese Publikation in der Deutschen Nationalbibliografie; detaillierte bibliografische Daten sind im Internet über http://dnb.d-nb.de/ abrufbar.

Impressum:

Druck und Bindung: Books on Demand GmbH, Norderstedt Germany
ISBN: 978-3-640-80743-7

„Mikrokosmos einer Diversität" am Beispiel der Sorben in der Oberlausitz.

Eine fragebogenunterstützte Untersuchung zum Fortbestehen der obersorbischen Kultur und Sprache vor dem Hintergrund ausgewählter wissenschaftlicher Aspekte und historischer Zusammenhänge.

Inhaltsverzeichnis:

I. Einleitung

Alle 14 Tage stirbt eine Sprache auf der Welt aus.[1] In Zeiten der Globalisierung interessiert man sich eher für die Kenntnis und das Erlernen sogenannter Weltsprachen wie zum Beispiel Englisch oder Spanisch. Unbedacht bleibt hierbei allzu leicht der Verlust von kultureller Vielfalt und Pluralismus, wenn Sprachen verloren gehen. Wer versucht hat, deutsche Worte in eine andere Sprache zu übersetzen, konnte sicherlich feststellen, dass sich einige Begriffe und Gedanken nicht immer adäquat in diese andere Sprache übertragen lassen. Sie verlieren ihren Bedeutungsgehalt, der oft über Jahrhunderte hinweg durch historische und kulturelle Einflüsse geprägt wurde und somit auch die jeweilige Kultur repräsentiert.

Aussterbende und gefährdete Sprachen und Kulturen sind nicht nur im Ausland zu finden. Es gibt sie auch in Deutschland; zum Beispiel bei den Ober- und Niedersorben in der Lausitz. Wie der Titel der Arbeit bereits verrät, betrifft die nachfolgende Arbeit schwerpunktmäßig die Obersorben, da ich der Betrachtung beider sorbischen Völker im Rahmen dieser Arbeit nicht gerecht werden könnte. Im historischen Teil meiner Arbeit werden neben den Obersorben auch die Niedersorben berücksichtigt, da beide Bereiche nicht immer voneinander zu trennen sind. Beide Bevölkerungsgruppen stammen gleichermaßen von in der Lausitz einst angesiedelten slawischen Stämmen ab. Unterschiede gibt es nur in der Sprache und den historischen Rahmenbedingungen.

Ich möchte mit meiner Untersuchung die Frage nach Möglichkeiten und Grenzen des Fortbestehens der obersorbischen Kultur und Sprache reflektieren. Diese Möglichkeiten werden anhand dreier Schwerpunktsetzungen untersucht:

1. der außergewöhnlichen und durch zahlreiche Assimilationsversuche geprägten Historie der Sorben,

2. einer fragebogengestützten Untersuchung und

3. ausgewählter wissenschaftlicher Aspekte.

---

[1] Vgl. BR-Online, Dialekt Bairisch in Gefahr, URL: <http://www.br-online.de/bayerisches-fernsehen/suedwild/dialekt-persoenlichkeit-und-mensch-tagesthema-ID123547449709.xml> [Stand: 22.03.10]

Innerhalb dieser drei Komplexe möchte ich folgende Fragestellungen bearbeiten: Ausgehend von der Klärung der bisherigen Bedeutung der Kultur und Sprache, soll die Frage erörtert werden, wie diese Kultur sich bis zum heutigen Tage überhaupt erhalten konnte und wie sich die gegenwärtige Situation darstellt. In diesem Zusammenhang wird auch der Frage nach der Existenz und Konstruktion einer kulturellen Identität nachgegangen. Gibt es diese überhaupt, und wenn ja, ist bzw. war diese wichtig für den Erhalt der sorbischen Kultur und Sprache? Oder kann es in diesem Zusammenhang eine Befreiung und Lösung von der kulturellen Identität und der *imagined community*[2] nach Anderson geben? Ein weiterer Frageansatz lautet, in welcher Form das kulturelle und soziale Gedächtnis der Obersorben arbeitet.

Da die Sorben bereits seit Jahrhunderten Teile der Lausitz besiedeln, möchte ich untersuchen, wie sich dieser territoriale Bezug erklären lässt. Des Weiteren wird geklärt, ob man in dem territorialen Besetzungsraum der Lausitz von Hybridität sprechen kann, bzw. ob dieses eine Gefahr für die obersorbische Kultur und Sprache impliziert. Für diese Untersuchung wollte ich obersorbische Schüler und obersorbische Erwachsene befragen, um so -im Blick auf unterschiedliche Alterskohorten- eine Vergleichsanalyse zu erstellen, die gleichermaßen einen Blick in die Zukunft erlaubt wie auch die Frage reflektieren kann, ob ein Traditionsbruch bereits erkennbar ist, der vermuten lässt oder auf die Gefahr hinweisen könnte, dass die kulturelle Eigenständigkeit verloren geht. Da das Land Sachsen den Antrag auf Durchführung einer wissenschaftlichen Erhebung und Befragung von Schülern abgelehnt hat, wurde nur noch eine Gruppe von Erwachsenen befragt. Allerdings hat Leŏs Šatava bereits eine ähnliche Untersuchung an obersorbischen Schülern vorgenommen, so dass einige seiner Ergebnisse nachfolgend mit berücksichtigt werden.

Beginnen werde ich die Arbeit mit einer Darstellung der historischen Entwicklung der Ober- und Niedersorben ab dem 6. Jahrhundert bis zur Gegenwart. Es schließt sich an die Auswertung der Fragebögen anhand folgender wissenschaftlicher Paradigmen: soziale und kulturelle Identität, mentale Räume, Diaspora, Hybridität, Alterität und Fremdheit, Transkulturalität, Habitus und Nationalkultur. Diese wissenschaftlichen Begriffe wurden auf Grund des Lebens zweier *Nationen*[3], der der Deutschen und der der Obersorben, in einem regional begrenzten Raum gewählt. In diesem Beziehungs-

---

[2] Hervorhebung durch Verfasserin.

[3] Hervorhebung durch Verfasserin.

verhältnis spielen Aspekte wie Identität, Alterität und Hybridität eine entscheidende Rolle. Ein Fazit, das die zuvor gestellten Fragen beantworten soll, schließt die Arbeit ab.

II. Allgemeine Informationen und Hinführung zum Thema

Das westslawische Volk der Sorben mit Sitz in der Lausitz wird zwar unter der Bezeichnung der Sorben oft zusammengefasst, kann jedoch nicht als eine homogene Gruppe betrachtet werden. So gibt es die Niedersorben in der Niederlausitz und die Obersorben in der Oberlausitz.[4] Sorbisch ist eine westslawische Sprache, die je nach Region in verschiedenen Dialekten gesprochen wird und mit den Termini nieder- und obersorbisch bezeichnet wird. Die sorbische Sprache wird heutzutage noch in den Kreisen Bautzen, Weißwasser, Hoyerswerda, Spremberg und Cottbus gesprochen.[5]

Die Unterschiede der Nieder- und Obersorben werden nicht nur in den differenten Sprachen, sondern auch in der Historie plastisch. Die Niedersorben bezeichnen sich selbst zumeist in der deutschen Sprache als Sorben/Wenden oder Wenden.[6]

In früheren Zeiten, vor allem vor der Zeit des Nationalsozialismus wurden alle Sorben im Deutschen als Wenden bezeichnet.[7] Die Obersorben benennen sich selbst in der eigenen Sprache als *Serbja*[8] und die Niedersorben als *Serby*[9] oder *serbske*[10].[11]

Obwohl die Sorben kein Mutterland haben, besitzen sie eine eigene Flagge und eine National-Hymne, deren deutsche Übersetzung hier zum besseren Verständnis eingefügt wird:

---

[4] Vgl. Erik Sefkow: Wer sind die Sorben, URL: <http://www.sorben.org/> [Stand: 12.03.10]

[5] Vgl. Helmut Faßke: Sprache, in: Die Sorben in der Lausitz, Domowina-Verlag GmbH, Bautzen 1992, 2. stark bearbeitete Auflage 2003, S. 35-38

[6] Vgl. Erik Sefkow: Wer sind die Sorben, URL: <http://www.sorben.org/> [Stand: 12.03.10]

[7] Ich werde in meiner Arbeit nur den Begriff der Sorben gebrauchen, um sowohl die Niedersorben, als auch die Obersorben zu bezeichnen.

[8] Hervorhebung durch Verfasserin.

[9] Hervorhebung durch Verfasserin.

[10] Hervorhebung durch Verfasserin.

[11] Vgl. Peter Becker: Die Sorben/Wenden in Raddusch, AG Tourismus Raddusch, URL: <http://www.raddusch-spreewald.de/sorben.html> [Stand: 22.03.10]

[12]

„Lausitz, schönes Land, wahrer Freundschaft Pfand!
meiner Vater glücksgefild [sic!], meiner Träume holdes Bild,
heilig sind mir deine Fluren! Blühest du, Zukunftszeit,
uns nach bitterem Leid? Oh, entwüchtest [sic!] du deinem Schoß
Männer doch an Taten groß, würdig ewigen gedenkens [sic!]!"[13]

Um einen Eindruck zu gewinnen, inwieweit die zwei Sprachen voneinander differieren und wie artverwandt sie wirklich sind, folgt die Hymne erneut in der obersorbischen und niedersorbischen Fassung, so wie sie auch in den jeweiligen Regionen gesungen werden:

Obersorbisch:

„Rjana Łužica,sprawna, přećelna, mojich serbskich wótcow kraj,
mojich zbóžnych sonow raj, swjate su mi twoje hona!
Časo přichodny, zakćěj radostny! Ow, zo bychu z twojeho
klina wušli mužojo, hódni wěčnoh wopomnjeća!"[14]

Niedersorbisch:

„Rědna Łužyca, spšawna, pśijazna, mójich serbskich wóścow kraj,
mójich glucnych myslow raj,swěte su mě twóje strony.
Cas ty pśichodny, zakwiś radosny! Och, gab muže stanuli,
za swój narod źěłali, gódne nimjer wobspomnjeśa!"[15]

---

[12] Erik Sefkow: Die Sorben-Hintergrundwissen kompakt, URL: <http://www.sorben.org/tags/niedersorben/> [Stand: 12.03.10]

[13] Erik Sefkow: Sorbische Nationalhymne, URL: <http://www.sorben.org/sorbische-nationalhymne.html> [Stand: 12.03.10]

[14] Jana Hentschel/Kris D.C. Höppner, URL: <http://www.tu-dresden.de/sulifg/daf/sorben/index.html> [Stand: 22.03.10]

[15] Jana Hentschel/Kris D.C. Höppner, URL: <http://www.tu-dresden.de/sulifg/daf/sorben/index.html> [Stand: 22.03.10]

In ihrer Hymne nehmen die Sorben Bezug auf die Lausitz, die sie seit dem 6. Jahrhundert als ihr *Mutterland*[16] betrachten. Diese Region wurde von verschiedenen westslawischen Stämmen besiedelt, noch bevor dort Deutsche sesshaft wurden.

Seit dem 10. Jahrhundert wurden die Sorben weitestgehend unterdrückt, was vor allem die sorbische Sprache und das Ausleben der Kultur stark beeinträchtigt hat. Der weitere Bestand ihrer Sprache ist auf Grund der jahrhundertelangen Unterdrückung und der geringen Anzahl an sorbisch sprechenden Personen gefährdet. Es gibt zwar sorbische Sprachkurse und Schulen, aber wenn zuhause kein Sorbisch gesprochen wird, ist es schwer für die Kinder, diese Sprache wie eine Muttersprache zu beherrschen und der Weitergabe an ihre Nachkommen gerecht zu werden.[17]

Leŏs Šatava, ein Professor für Ethnologie, hat 11- bis 19-jährige Sorben interviewt. Als Ergebnis erhielt er bei den Schülern der A-Klassen[18], dass nur ein Drittel der Partizipanten sich mit dem Sorbentum identifiziere. Die meisten empfinden sich selbst als deutsch und nur wenige als slawisch. Hierbei unterscheiden sich jedoch die katholischen von den protestantischen Gebieten, da dort eine höhere Identifikationsrate mit dem Sorbentum besteht. Neben der Religion ist sicherlich ein zusätzlicher Aspekt, dass in den katholischen Gebieten noch mehr Sorben leben als in den evangelischen. In den B-Klassen[19] empfindet sich der Hauptteil als deutsch und nur eine Minderheit auf Grund des elterlichen Hintergrundes als partikulär sorbisch.[20]

Obwohl die A-Klassen-Schüler auf Grund des alltäglichen Gebrauchs ein sehr gutes Sorbisch sprechen, machen sie viele Fehler hinsichtlich der Grammatik, wie zum Beispiel beim Buchstabieren sorbischer Worte. Hinsichtlich des Gender-Aspektes hat Šatava festgestellt, dass sich Mädchen mehr mit der sorbischen Sprache identifizieren, wohingegen die Jungen sich mehr mit den sorbischen Medien auseinandersetzen, was eventuell auf die traditionelle Rolle der Frau innerhalb der Familie zurückzuführen

---

[16] Hervorhebung durch Verfasserin.

[17] Vgl. Erik Sefkow: Wer sind die Sorben, URL: <http://www.sorben.org/> [Stand: 12.03.10]

[18] Schüler der A-Klassen sind sorbische Muttersprachler und nutzen in dem Hauptteil ihrer Unterrichtsfächer die sorbische Sprache.

[19] In den B-Klassen wird Sorbisch nur als ein Fach angeboten. Die restlichen Unterrichtsfächer werden auf Deutsch unterrichtet.

[20] Vgl. Leŏs Šatava: Ethnic Identity, Language Attitudes, and the Reception of Culture among Students of Sorbian Schools, in: Timothy McCajor Hall/Rosie Read (Hrsg.): Changes in the heart of Europe. Recent Ethnographies of Czechs, Slovaks, Roma, and Sorbs, ibidem-Verlag, Stuttgart, 2006, S. 267 f

ist.[21] Diese ist in der konservativ-pädagogischen Perspektive dafür verantwortlich, so viele Kinder wie möglich zu gebären und diese in der sorbischen Sprache zu erziehen.[22]

Die sorbische Kultur spielt bei den A-Klassen-Schülern nur eine geringe Rolle, da sie sich, so wie deutsche Jugendliche, sehr für die nationale[23] und internationale Kultur interessieren. Die sorbische Kultur wird als eine familiäre Tradition wahrgenommen, aber ein starker Identifikationsprozess oder ein ethnisches Bewusstsein finden laut Šatava nicht statt. Bei den B-Klassen-Schülern wird die sorbische Kultur sogar in den meisten Fällen abgelehnt, verspottet und nicht wirklich wahrgenommen. Vor allem in dem Alter zwischen 15 und 17 Jahren findet eine Abwendung von der sorbischen Kultur und eine Hinwendung zur deutschen oder englisch-amerikanischen Kultur statt, da diese als interessanter und globaler wahrgenommen wird, so dass man sich selbst als einen Teil des Ganzen betrachten kann. Ab dem zwanzigsten Lebensjahr kann diese Abwendung sich jedoch wieder in ihr Gegenteil verkehren.[24]

III. Historischer Überblick

III. 1. Ursprung der sorbischen Geschichte in Deutschland

Das deutsche Wort Lausitz stammt von dem altsorbischen Wort „lug“ ab. Bei der Entstehung des Namens wurde jedoch mit lug ursprünglich nur das Gebiet der Niederlausitz bezeichnet. Daraus ist unter anderem der Begriff Lusizer entstanden. Erst seit dem 15. Jahrhundert gibt es die Bezeichnungen Nieder- und Oberlausitz.[25]

Der Ursprung der sorbischen Geschichte ist auf die Zeit der Völkerwanderung im sechsten Jahrhundert zurückzuführen, in der die Stämme, welche nördlich der Karpaten angesiedelt waren, weiterzogen und sich im Elbe-Saale-Gebiet, im Odertal

---

[21] Ebd., S. 269

[22] Vgl. Johannes Huxoll: Lebenswege und kulturelle Alltagsperspektiven, in: Elka Tschernokoshewa/Marija Jurić Pahor (Hrsg.): Auf der Suche nach hybriden Lebensgeschichten. Theorie-Feldforschung-Praxis, Waxmann Verlag GmbH, Münster, 2005, S.140 f

[23] In diesem Falle ist mit der nationalen Kultur die deutsche gemeint.

[24] Vgl. Leŏs Šatava: Ethnic Identity, Language Attitudes, and the Reception of Culture among Students of Sorbian Schools, in: Timothy McCajor Hall/Rosie Read (Hrsg.): Changes in the heart of Europe. Recent Ethnographies of Czechs, Slovaks, Roma, and Sorbs; ibidem-Verlag, Stuttgart, 2006, S. 270 ff

[25] Vgl. Peter Kunze: Die Sorben/Wenden in der Niederlausitz. Ein geschichtlicher Überblick, Domowina-Verlag, Bautzen, 2000, 2. durchgesehene Auflage, S. 5

oder in der Lausitz niederließen.[26] Zu jener Zeit gab es ungefähr 20 slawische Stämme, die das Gebiet zwischen der Oder und der Saale besiedelten. Der Name der Sorben entstammt der Stammesbezeichnung der Surbi. Diese Stämme ernährten sich durch „[...] Ackerbau und Viehzucht, ergänzt durch Fischfang, Jagd und Bienenzucht."[27]

Bei kriegerischen Auseinandersetzungen im 8. Jahrhundert wurden einige slawische Stämme von anderen Stämmen unterworfen. Ihre Unabhängigkeit verloren jedoch alle slawischen Stämme im 10. Jahrhundert, als sie dem frühfeudalen deutschen Staat unter Heinrich dem I. unterworfen wurden. Im Verlauf der Christianisierung und der Umwandlung der einzelnen Gebiete in Bistümer wurden sie politisch und kulturell eingegliedert, um so ethnische Unterschiede zu überwinden. Dennoch konnten sie gewisse Traditionen und ihre Sprachen weiterhin erhalten.[28]

Im 11. Jahrhundert wurde aus den Bewohnern der Oberlausitz, den sogenannten Milzenern, und den in der Niederlausitz ansässigen Lusizern das gemeinsame Volk der Sorben, deren Haupteinnahmequellen weiterhin in der Viehzucht und im Ackerbau lagen. Neben der in der Landwirtschaft tätigen Bevölkerungsgruppe entstand eine Riege von Handwerkern, die sich auf die Erstellung von Keramiken, Gerbereien oder Webstücke spezialisierten.[29] Sie entwickelten eine besondere Art des Häuserbaus und der Keramik-Herstellung. Berühmt sind ihre Burgwälle, die sie vor der Immigration anderer ebenfalls slawischer Stämme schützen sollten.[30]

Mit der Besiedlung des ursprünglich sorbischen Gebietes durch deutsche Bauern im 12. Jahrhundert wurden die Sorben partiell assimiliert. Dieses bedingte eine weitere Einschränkung für die freie Entfaltung der sorbischen Kultur, da mit dem Einzug der Deutschen unterschiedliche Rechte für Sorben und Deutschen verfügt wurden. In einigen Gebieten, wie zum Beispiel Bernburg/Saale, Leipzig und Zwickau, wurde die

---

[26] Vgl. Peter Kunze: Zur Geschichte der Sorben, in: Die Sorben in der Lausitz, Domowina-Verlag GmbH, Bautzen, 2. stark bearbeitete Auflage 2003, S. 15
[27] Peter Kunze: Zur Geschichte der Sorben, in: Die Sorben in der Lausitz, Domowina-Verlag GmbH, Bautzen, 2. stark bearbeitete Auflage 2003, S. 15
[28] Vgl. Peter Kunze: Zur Geschichte der Sorben, in: Die Sorben in der Lausitz, Domowina-Verlag GmbH, Bautzen, 2. stark bearbeitete Auflage 2003, S. 16 ff
[29] Vgl. Peter Kunze: Die Sorben/Wenden in der Niederlausitz. Ein geschichtlicher Überblick, Domowina-Verlag, Bautzen, 2000, 2. durchgesehene Auflage, S. 8 f
[30] Ebd., S. 7

sorbische Sprache gerichtlich untersagt. In der Zeit von 1293 bis 1327 wurde zum ersten Mal ein öffentliches Verbot der sorbischen Sprache ausgesprochen.[31]

Außerhalb dieser o. g. Gebiete genossen die Sorben in der Ober- und Niederlausitz weiterhin ein hohes soziales und wirtschaftliches Ansehen und konnten sich trotz einiger Verbote frei bewegen und entfalten.[32]

In den folgenden Jahrhunderten bildete sich eine Klassengesellschaft heraus, in der jedoch nur wenige Sorben in die obere Klasse der Feudalherrscher aufsteigen konnten. Die Dorfältesten dienten als Übersetzer zwischen den Sorben und den Deutschen. Der Hauptteil der Sorben jedoch bestand aus Bauern, die nur wenige Rechte besaßen und denen das Recht auf erblichen Landbesitz abgesprochen wurde.[33]

Die Abwanderung der ländlichen Bevölkerung in die Städte hatte den Grund, die durch Seuchen verursachten geringen städtischen Einwohnerzahlen zu erhöhen. Für die Sorben erwies sich als zusätzlicher Anreiz, in die Städte umzusiedeln, dass sie dort bis zur zweiten Hälfte des 14. Jahrhunderts alle Rechte in privater und beruflicher Hinsicht erhielten, wenn sie dem Stadtrat, dem Bürgermeister und dem König gegenüber einen Treueschwur ablegten, selbst wenn sie nur geringe oder gar keine Deutschkenntnisse hatten. Ab der Mitte des 14. Jahrhunderts wurden jedoch in einigen Städten Verbote für die Einstellung sorbischer Handwerker, die der deutschen Sprache nicht mächtig waren, erteilt.[34]

Es folgten Protestaktionen der Sorben, die in einigen Gebieten durch die Unterstützung des böhmischen Königs, der brandenburgischen Kurfürsten oder des Prager Hofgerichts zum Erfolg führten.[35]

III. 2. Einfluss der Reformation auf das sorbische Leben

Mit der Reformation erhielt die sorbische Sprache einen Aufschwung im öffentlichen Leben, da man die Lehre Luthers auch in sorbischer Sprache verbreitete und nun auch

[31] Vgl. Jan Bilk: Stawizny Serbow - Zur Geschichte der Sorben, URL: <http://www.sorben.de/kultura/Geschicht1.html> [Stand: 15.03.10]
[32] Vgl. Peter Kunze: Zur Geschichte der Sorben, in: Die Sorben in der Lausitz, Domowina-Verlag GmbH, Bautzen, 2. stark bearbeitete Auflage 2003, S. 16 ff
[33] Vgl. Peter Kunze: Die Sorben/Wenden in der Niederlausitz. Ein geschichtlicher Überblick, Domowina-Verlag, Bautzen, 2000, 2. durchgesehene Auflage, S. 13
[34] Ebd., S. 17 f
[35] Ebd., S. 20

sorbische Gottesdienste gehalten wurden. Dieser Aspekt eröffnete den Sorben Wege der Bildungsteilhabe, indem sie nun die Möglichkeit hatten, z.B. ein Theologiestudium zu absolvieren. Ebenso entstanden durch die Übersetzung des Neuen Testaments ins Sorbische die ersten Formen der Einführung des Sorbischen als Schriftsprache, auch wenn das erste gedruckte sorbische Schriftstück erst einige Jahrzehnte später erschienen ist.[36]

Die Reformation verhalf zu einem erneuten Wandel und einem veränderten Bewusstsein innerhalb der sorbischen Bevölkerung. 90 % der Sorben wechselten zum Protestantismus über. Es wurden sorbische Priester ausgebildet, sorbische Gebets- und Lehrschriften und Bücher verfasst. Um die Sprache zu erhalten, wurde nun Wert auf ein sorbisches Bildungs- und Schulsystem gelegt. Das erste obersorbische Buch war ein Katechismus Luthers. Es erschien im Jahre 1595. Ein niedersorbisches Gesangbuch inklusive einem Katechismus wurde bereits 21 Jahre zuvor gedruckt. Bis zum Jahre 1656 können sogar sorbische Sprachübungen an der Universität Frankfurt/Oder nachgewiesen werden.[37]

Die evangelisch geprägte sorbische Intelligenz wurde im 20. Jahrhundert in der Oberlausitz durch die Katholiken abgelöst. Heutzutage gibt es dort drei evangelische Pfarrer, die einige Male im Jahr an immer wechselnden Orten sorbischsprachige Gottesdienste halten. In Brandenburg wird das Bestreben nach sorbischen Gottesdiensten durch den seit 1994 bestehenden „Förderverein für den Gebrauch der wendischen Sprache in der Kirche“[38] und in Sachsen durch den Sorbischen evangelischen Verein unterstützt.[39]

III. 3. Das 17. und 18. Jahrhundert

Während des Dreißigjährigen Krieges ließ ungefähr die Hälfte der sorbischen Bevölkerung ihr Leben, was einen erneuten Zuzug Deutscher in die sorbischen

[36] Ebd., S. 24 f

[37] Vgl. Peter Kunze: Zur Geschichte der Sorben, in: Die Sorben in der Lausitz, Domowina-Verlag GmbH, Bautzen, 2. stark bearbeitete Auflage 2003, S. 18-23

[38] Sorbischer Superintendent Jan Mahling: Sorben im Kirchenbezirk, URL: <http://www.kirchenbezirk-bautzen.de/pages/sorben/sorben.html> Stand: [15.03.10]

[39] Vgl. Sorbischer Superintendent Jan Mahling: Sorben im Kirchenbezirk, URL: <http://www.kirchenbezirk-bautzen.de/pages/sorben/sorben.html> Stand: [15.03.10]

Siedlungsgebiete mit sich brachte und somit eine weitere Gefährdung und Verdrängung der sorbischen Sprache bedeutete.[40]

Erneut wurde die durch die Reformation geprägte zeitweise positive Wendung und Durchsetzung der Sorben durch den Dreißigjährigen Krieg, durch die Unterdrückung der sorbischen Landbevölkerung durch die Feudalherren und die nach und nach zunehmenden Sprachverbote für die sorbische Sprache aufgehoben und ins Negative verkehrt. Die Leibeigenschaft und Repression der Landbevölkerung durch den Adel führte sowohl zu friedlichen als auch zu gewaltsamen Protesten, aber auch zur heimlichen Flucht in benachbarte Länder.[41] Die Problematik der sorbischen Situation wurde durch öffentliche Schuldzuweisungen des Adels an die Sorben erhöht, denen die Schuld für die Landflucht und die Aufstände der Bauern zugeschrieben wurde.[42]

Der Absolutismus verfolgte das Ziel der Auslöschung der sorbischen Sprache. Dieses wurde nicht durch gesetzliche Vorschriften angetrieben, sondern durch die systematische Vernichtung sorbischer Schriften und das Verbot ihrer religiösen oder kulturellen Aktivitäten. Nur in einigen Sektoren der Oberlausitz wurden aus Angst vor dem Ausbreiten des Katholizismus sorbische Schriften und sorbische Gottesdienste der Protestanten gefördert. Den gleichen Weg verfolgten jedoch auch kurze Zeit später die Katholiken, um so weitere sorbische Kirchenmitglieder zu gewinnen, so dass es durch diese Konkurrenzsituation einen kurzen Aufschwung und eine Wiederbelebung und Anerkennung der sorbischen Sprache gab, die nach dem Versuch der Vernichtung des sorbischen Schrifttums im Jahre 1790 sogar zum Druck der ersten sorbischen Zeitung führte.[43]

Die sogenannte sorbische nationale Wiedergeburt entstand durch ein Selbstwertgefühl, das durch die Einführung sorbischer Institutionen geprägt wurde. So wurde im Jahre 1706 in Prag das wendische Seminar eingeführt, in dem katholische Priester ausgebildet wurden. Die evangelischen wiederum wurden seit 1716 in Leipzig ausgebildet und gründeten im Jahre 1746 die Wendische Predigergesellschaft in

---

[40] Vgl. Peter Kunze: Die Sorben/Wenden in der Niederlausitz. Ein geschichtlicher Überblick, Domowina-Verlag, Bautzen, 2000, 2. durchgesehene Auflage, S. 27

[41] Vgl. Peter Kunze: Zur Geschichte der Sorben, in: Die Sorben in der Lausitz, Domowina-Verlag GmbH, Bautzen, 2. stark bearbeitete Auflage 2003, S. 18-23

[42] Vgl. Peter Kunze: Die Sorben/Wenden in der Niederlausitz. Ein geschichtlicher Überblick, Domowina-Verlag, Bautzen, 2000, 2. durchgesehene Auflage, S. 30

[43] Vgl. Peter Kunze: Zur Geschichte der Sorben, in: Die Sorben in der Lausitz, Domowina-Verlag GmbH, Bautzen, 2. stark bearbeitete Auflage 2003, S. 18-23

Wittenberg. Diese Unterstützung durch die zwei Konfessionen wurde durch sorbische Intellektuelle aufgegriffen und weiter verfolgt, konnte sich aber in der Niederlausitz und der nordöstlichen Oberlausitz durch die Zugehörigkeit zu Preußen nicht weiter halten oder durchsetzen. Dort betrieb man weiterhin die alte Unterdrückungspolitik. In der sächsischen Oberlausitz setzte sich jedoch auf Grund von Protesten der sorbischen Bevölkerung die sorbische Sprache im Religions- und Leseunterricht durch. In diesem Bereich lag auch der Ursprung der sorbischen nationalen Bewegung begründet.[44]

Deren Gründer

> *„[...] hatten die Bedeutung der Muttersprache und der eigenen Kultur im Ringen um nationale Identität[45] und um die Herausbildung und Festigung eines eigenständigen sorbischen Bewusstseins erkannt und richteten ihre Bestrebungen darauf, die Masse des sorbischen Volkes zu gewinnen.“*[46]

Mit der Aufklärung wurde das nationale Bewusstsein der Sorben ab 1750 verstärkt entwickelt, so dass sie für den Erhalt der sorbischen Sprache und Kultur kämpften.[47] Diese Entwicklung entspricht dem des modernen Individuums, das sich dank der Aufklärung von dem vormodernen Individuum, welches als eine Person klassifiziert wird, die in gewissen Traditionen und gesellschaftlichen Strukturen, wie zum Beispiel Klasse, Stand und Status eingeordnet wurde und sich dementsprechend verhielt, lösen konnte.[48]

In den restlichen Gebieten außerhalb der Oberlausitz wurden sorbische Schriftstücke, sorbischer Unterricht und Gottesdienste verboten und eine starke Germanisierungspolitik betrieben. Der einzige Ort in der Niederlausitz, in dem die sorbische Sprache weiterhin gefördert wurde, war Cottbus. Diese Förderung galt

---

[44] Ebd., S. 23-27

[45] Als eine Form der kulturellen Identität bezeichnet Hall die nationale Identität, welche eine Identifikation mit einem Land, Staat oder politischen System beinhaltet. Jedes Individuum ist zugleich Teil dieses nationalen Gebildes, dem es sich verbunden fühlt und untertan ist. Vgl. hierzu Stuart Hall: Kulturelle Identität und Globalisierung, in: Karl H. Hörning/Rainer Winter (Hrsg.): Widerspenstige Kulturen. Cultural Studies als Herausforderung, Suhrkamp Verlag, Frankfurt am Main, 1999, S. 414 f

[46] Peter Kunze: Zur Geschichte der Sorben, in: Die Sorben in der Lausitz, Domowina-Verlag GmbH, Bautzen, 2. stark bearbeitete Auflage 2003, S. 25

[47] Vgl. Jan Bilk: Stawizny Serbow - Zur Geschichte der Sorben, URL: <http://www.sorben.de/kultura/Geschicht1.html> [Stand: 15.03.10]

[48] Vgl. Stuart Hall: Kulturelle Identität und Globalisierung, in: Karl H. Hörning/Rainer Winter (Hrsg.): Widerspenstige Kulturen. Cultural Studies als Herausforderung, Suhrkamp Verlag, Frankfurt am Main, 1999, S. 402

jedoch nur zur Beruhigung der wendischen Bevölkerung und zur Stabilisierung der inneren Situation, so dass außenpolitische Ziele, wie z. B. die Annektion anderer Gebiete besser verfolgt werden konnten.[49]

Ende des 18. Jahrhunderts gab es immer mehr Versammlungen der unterdrückten Bauern, in denen sie Forderungen an die Feudalherren stellten und Drohungen gegen diese und das System aussprachen. Auch wenn die Herrschaften versuchten, durch gesetzliche Regelungen den Informationsfluss über die Ereignisse der französischen Revolution bis zu den Bauern aufzuhalten, gab es weiterhin Aufstände und revolutionäre Stimmungen unter den Bauern. Mit diesen revolutionären Wehen begann unter anderem auch der Kampf um die Erhaltung der sorbischen Sprache in Bildungsstätten und kirchlichen Institutionen.

III. 4. Das 19. Jahrhundert

Nach und nach wurde die sorbische Sprache aus dem kulturellen, sozialen und religiösen Leben entfernt, so auch 1816 durch die Umwandlung sorbischer Gebets- und Gesangsbücher in rein deutschsprachige Bücher. Der sozialen Unterdrückung folgte somit die Auslöschung der sorbischen Sprache. Diejenigen, die protestierten und sich zu wehren versuchten, erhielten Gefängnisstrafen. Des Weiteren wurden gesetzliche Sanktionen festgelegt, die für Aufständische galten und mitunter die Todesstrafe implizieren konnten. Materielle Belohnung gab es für die, die illegale Versammlungen verrieten.[50]

Nach dem Sieg über Napoleon gingen die Niederlausitz und Cottbus wieder in den Besitz Preußens über und somit auch 80 % der sorbischen Bevölkerung. Die restlichen 20 % verblieben in der südlichen und sächsischen Oberlausitz.[51] Um die Sorben an den preußischen Staat zu binden und besser gegen oppositionelle Strömungen vorgehen zu können, wurde die sorbische Sprache nun wieder in der Kirche und im Unterricht eingeführt und eine liberalere Nationalitätenpolitik verfolgt. Ebenso unterstützte man die Ausgabe einer sorbischen Zeitung, die jedoch zu Propagandazwecken und zur Verbreitung preußischer Ideologien genutzt wurde.

---

[49] Vgl. Peter Kunze: Die Sorben/Wenden in der Niederlausitz. Ein geschichtlicher Überblick, Domowina-Verlag, Bautzen, 2000, 2. durchgesehene Auflage, S. 32

[50] Vgl. Peter Kunze: Die preußische Sorbenpolitik 1815-1847, Domowina-Verlag, Bautzen, 1978, S. 15-18

[51] Vgl. Peter Kunze: Die Sorben/Wenden in der Niederlausitz. Ein geschichtlicher Überblick, Domowina-Verlag, Bautzen, 2000, 2. durchgesehene Auflage, S. 37 f

Die neu gewonnene Freiheit brachte einen Aufschwung der nationalen, sorbischen Bewegung, die sich nun auch für die sorbische Kultur einsetzte.[52] Daneben wurden slawische/sorbische Lehrstühle und zahlreiche sorbische Vereine in der Niederlausitz gegründet.[53] Dieses neu entwickelte nationale Bewusstsein der Sorben wurde jedoch staatlicherseits nach einiger Zeit missgünstig beäugt, so dass die liberale Nationalitätenpolitik der Regierung Preußens sehr bald wieder entliberalisiert wurde.[54]

Dadurch, dass die Bauern trotz aller Sanktionen weiterhin für mehr Rechte kämpften, erhielt das feudale System einen großen Riss, der durch die Unterstützung von Aufklärern noch vergrößert wurde.[55] Einige Bauernproteste waren so erfolgreich, dass nach und nach gewisse Reformen durchgesetzt werden konnten, die die Kapitalisierung der Gutshöfe beinhalteten.[56] Die Gesellschaft wurde zu Teilen im Sinne der Bauern neu strukturiert. Einige Bauern erhielten nun ein Erbrecht auf die durch sie bewirtschafteten Güter oder das Recht, Rittergüter zu pachten. In einigen Regionen wurde sogar die Leibeigenschaft abgeschafft.[57]

Dennoch gab es bis auf wenige Ausnahmen, hauptsächlich Reformen, die den Machtansprüchen der Feudalherren auch weiterhin zugutekamen. Während in anderen europäischen Ländern ein demokratisches Regierungssystem durchgesetzt wurde, fiel dieser Prozess in Deutschland aus. Die Art von Reformierung, die es in Deutschland gab, führte nicht zu einer Gleichberechtigung der sorbischen und deutschen Bevölkerung, sondern unterstützte die Unterdrückung der sorbischen Identität und Kultur.[58]

Die sorbische Sprache galt nun offiziell als die Schuldige für vorhandene Klassenunterschiede und die geringe Bildung der Bauern, so dass deren Auslöschung offiziell legitimiert und gerechtfertigt werden konnte. Ebenso wurden die Sorben als Schuldige für jegliche soziale Krisen und Schwierigkeiten bezeichnet, so dass von den Missständen des Staates und des feudalen Herrschaftssystems abgelenkt werden

---

[52] Ebd., S. 40 f
[53] Vgl. Peter Kunze: Die preußische Sorbenpolitik 1815-1847, Domowina-Verlag, Bautzen, 1978, S. 133 ff
[54] Ebd., S. 144
[55] Ebd., S. 20 f
[56] Ebd., S. 22
[57] Vgl. Peter Kunze: Die Sorben/Wenden in der Niederlausitz. Ein geschichtlicher Überblick, Domowina-Verlag, Bautzen, 2000, 2. durchgesehene Auflage, S. 35 ff
[58] Vgl. Peter Kunze: Die preußische Sorbenpolitik 1815-1847, Domowina-Verlag, Bautzen, 1978, S. 24 f

konnte.[59] Die sorbische Sprache wurde verantwortlich gemacht für die Verständnisprobleme zwischen den Sorben und den Deutschen und wurde als ein Hindernis zur Bildungs- und Wissensvermittlung in den Schulen und Kirchen, aber auch der Aufklärung deklariert. Dieser Vorwurf führte zu einer Germanisierung einiger sorbischer Schulen, in denen nur noch auf Deutsch unterrichtet wurde, so dass sorbischen Kindern, die der deutschen Sprache kaum oder gar nicht mächtig waren, jegliche Möglichkeit entnommen wurde, den Unterrichtsinhalten zu folgen.[60] Die Auslöschung der sorbischen Sprache wurde medial durch Pressemitteilungen unterstützt und propagiert. In diesen Mitteilungen wurde den Sorben die Zuschreibung „Volk"[61] genommen und jegliches Ideengut und jede Form von Autonomie entzogen und abgesprochen.[62]

In der Oberlausitz hingegen nutzte man die sorbische Sprache, um gegen Verständigungsprobleme deutscher und sorbischer Kinder anzugehen. Dort gab es einen zweisprachigen Unterricht, in dem einige Fächer auf Sorbisch und andere auf Deutsch unterrichtet wurden, so dass deutsche Kinder der sorbischen Sprache und sorbische Kinder der deutschen Sprache mächtig wurden.[63]

Um weitere Maßnahmen der Germanisierung rechtfertigen und durchführen zu können, wurden bei Erhebungen der Bevölkerung Preußens viele Sorben als Deutsche aufgelistet, so dass diese als eine schwindende Minderheit dargestellt werden konnten.[64] Eine weitere anti-sorbische Maßnahme war die Aufteilung der sorbisch bewohnten Gebiete auf unterschiedliche Provinzen, um der Entwicklung eines einheitlichen nationalen Bewusstseins entgegenzuwirken.[65] Neben der territorialen Aufsplitterung, wurden trotz erheblicher Proteste der Sorben nur noch deutsch-sprechende Superintendenten und Pfarrer in den einzelnen Kirchspielen eingesetzt.[66]

Preußischen Lehrern wurde verordnet, den deutschen Sprachgebrauch zu fördern und zu unterstützen. Die sorbische Sprache wurde in Schulen nur noch bis zum 10. Lebensjahr der Schüler als Hilfsmittel zum Verständnis der Unterrichtsinhalte an-

---

[59] Ebd., S. 26
[60] Ebd., S. 37 f
[61] Hervorhebung durch Verfasserin.
[62] Vgl. Peter Kunze: Die preußische Sorbenpolitik 1815-1847, Domowina-Verlag, Bautzen, 1978, S. 29 f
[63] Ebd., S. 41
[64] Ebd., S. 52
[65] Ebd., S. 74
[66] Ebd., S. 76

gewandt. Spätestens ab diesem Alter sollten die Kinder die deutsche Sprache als ihre Muttersprache betrachten und anerkennen. Den Lehrern, die sich nicht danach richteten, drohten Bestrafungen. Die Befürworter dieser Maßnahme hingegen wurden befördert.[67]

Zur Mitte des 19. Jahrhunderts wurde auch der Widerstand sorbischer Intellektueller stärker und brachte sorbische kulturelle Organisationen, wie zum Beispiel die Maćica Serbska[68] hervor, einen Verein, der sorbische Bücher herausbrachte und das kulturelle und wissenschaftliche Leben der Sorben betreute. Des Weiteren gab es Bewegungen, die sich für den sorbischen Unterricht einsetzten oder sorbische Konzerte organisierten.[69] Es entstanden sorbische Schüler- und Studentenvereinigungen und sorbische Gesangsfeste. In den Jahren 1848/1849 kämpfte die Maćica Serbska mithilfe einer Petition an die sächsische Regierung für die Gleichberechtigung der Sorben. Zur gleichen Zeit versuchten sich Bauern in Vereinen weiterzubilden, um sich aus ihrer schlechten sozialen Lage zu befreien. Da aber nur wenige Punkte der Petition genehmigt wurden, zogen sich viele politische Mitglieder resigniert zurück.[70]

Alle Organisationen und Vereine bezogen die ländliche Bevölkerung mit ein und förderten somit deren nationales und kulturelles Bewusstsein. Mit dem Jahre 1897 wurde jedoch diese kulturelle Bewegung durch die Obrigkeit eingeebnet, da diese die sorbischen Bestrebungen als einen nationalistischen Fanatismus betrachteten.[71]

Am Ende des 19. Jahrhunderts erreichte schließlich die industrielle Revolution die Niederlausitz. Mit dem Eisenbahnnetz kamen auch der Braunkohlebergbau und die Textilindustrie in die Niederlausitz und damit weitere polnische und deutsche Arbeiter, was zu einer zweisprachigen Niederlausitz führte.[72]

---

[67] Ebd., S. 119

[68] Die Maćica Serbska übt heutzutage vielfältige Tätigkeiten zum Aufbau und Erhalt eines sorbischen Nationalbewusstseins und somit einer sorbischen Identität aus. Hierbei arbeitet sie unter anderem die Geschichte der Sorben auf und unterstützt die Museen.

[69] Vgl. Peter Kunze: Die Sorben/Wenden in der Niederlausitz. Ein geschichtlicher Überblick, Domowina-Verlag, Bautzen, 2000, 2. durchgesehene Auflage, S. 49 ff

[70] Vgl. Peter Kunze: Zur Geschichte der Sorben, in: Die Sorben in der Lausitz, Domowina-Verlag GmbH, Bautzen, 2. stark bearbeitete Auflage 2003, S. 23-27

[71] Vgl. Peter Kunze: Die Sorben/Wenden in der Niederlausitz. Ein geschichtlicher Überblick, Domowina-Verlag, Bautzen, 2000, 2. durchgesehene Auflage, S. 49 ff

[72] Ebd., S. 44 ff

Dennoch hatte die industrielle Revolution auch ihre Vorteile. So konnten sich die Menschen nun ihr Einkommen auch durch Weberei und Tuchmacherei verdienen und sich auf diese Weise der feudalen Unterdrückung auf den Gutshöfen, der Leibeigenschaft und der Armut entziehen. Seit dem Jahr 1651 gab es eine gesetzliche Untertanenordnung, die bis zu diesem Zeitpunkt den Bauern eine Hochzeit ohne die Erlaubnis der Feudalherren untersagte. Des Weiteren waren sie gezwungen, das Land zu bewirtschaften, welches ihnen von oben vorgeschrieben wurde, sie wurden erniedrigt und misshandelt und konnten nur durch Freikauf diesem Verhältnis entkommen.[73]

Aber auch innerhalb der sorbischen Familie kam es mit der Industrialisierung zu einer veränderten Situation. Während die Frau weiterhin die traditionelle Rolle innerhalb der Familie übernahm und sich in dem gewohnten sorbischsprachigen Umfeld um die Landwirtschaft kümmerte, befanden sich die Männer nun in einem überwiegend deutschen Arbeitsumfeld. Dieses Leben innerhalb zweier Welten führte zu einer Dissonanz von Innen- und Außenwelt und in häufigen Fällen auch dazu, dass die Männer nun auch mit ihren Kindern deutsch sprachen.[74]

Zusammengefasst spielte das 19. Jahrhundert eine entscheidende Rolle für die Entwicklung der Sorben und wurde bestimmt durch verschiedene Faktoren wie zum Beispiel die Bauernkämpfe, Kämpfe in literarischer Hinsicht, der Entwicklung des Sorbischen zur Schriftsprache, der Entstehung von Studentenvereinigungen und schließlich der bürgerlich-demokratischen Revolution von 1848/49.[75] Ebenso war das 19. Jahrhundert die Epoche der Auswanderung, die zur Mitte des 19. Jahrhunderts ihren Höhepunkt fand. Neben Deutschen, wanderten auch viele Sorben nach Australien, Nordamerika und Südafrika aus. In den meisten Fällen hat die sorbische Sprache nur zwei nachfolgende Generationen überlebt, da die deutsche Sprache in den Siedlungsgebieten überwogen hat. Dies führte zu weiteren Verlusten der sorbischen Sprache.[76]

[73] Vgl. Peter Kunze: Die preußische Sorbenpolitik 1815-1847, Domowina-Verlag, Bautzen, 1978, S. 10-14

[74] Vgl. Cordula Ratajczak: Wandel von Raum-Wandel von Identität. Das Beispiel Mühlrose. In: Madlena Norberg/Peter Kosta (Hrsg.): Potsdamer Beiträge zur Sorabistik. Sammelband zur sorbischen/wendischen Kultur und Identität. Universitätsverlag Potsdam, 2008, S. 28 f

[75] Vgl. Peter Kunze: Die preußische Sorbenpolitik 1815-1847, Domowina-Verlag, Bautzen, 1978, S. 146

[76] Vgl. Peter Kunze: Die Sorben/Wenden in der Niederlausitz. Ein geschichtlicher Überblick, Domowina-Verlag, Bautzen, 2000, 2. durchgesehene Auflage, S. 44 ff

III. 5. Das 20. Jahrhundert

Im Jahre 1912 wurde die Domowina als Dachvereinigung von 31 sorbischen Vereinen gegründet. Dieser Dachverein verfolgte bis zu Beginn des ersten Weltkrieges demokratische soziale und kulturelle Interessen und intendierte die Stärkung des nationalen Bewusstseins. Mit der Weimarer Verfassung wurde die Durchsetzung vieler gesellschaftlicher Interessen zwar vereinfacht, doch fehlte den Sorben eine politische Führung. So wurden auch Rufe nach Autonomie der Lausitz oder der Angliederung an die Tschechoslowakei laut, die jedoch nicht erfüllt wurden.[77]

Die Stagnation der sorbischen kulturellen Bewegung und die Angst vor Repression lösten sich ab 1921 nach und nach auf, was vor allem durch die Aktivitäten und Bestrebungen der Maćica Serbska und Domowina erreicht wurde. In der Niederlausitz wurden nun Theaterstücke in niedersorbischer Sprache aufgeführt und demokratische, anti-militaristische Texte, aber auch poetische Liebeserklärungen an die Sorben und die sorbische Kultur in der Zeitung Serbski Casnik veröffentlicht. Der Höhepunkt dieser neuen kulturellen Bewegung war der Festumzug zum fünfzigjährigen Bestehen der Maćica Serbska am 10. August 1930. Eine Petition der Maćica, die die Einführung der niedersorbischen Sprache im Elementarunterricht forderte, wurde jedoch vom Staat abgelehnt.[78]

III. 5. 1. Entwicklung im Nationalsozialismus

Nachdem Hitler keinen Erfolg hatte bei seinen Gleichschaltungsversuchen der Sorben und neben Protesten des slawischen Auslands auch durch die Domowina Widerstand erfahren musste, griff er 1937 zu härteren Maßnahmen. So wurde die Domowina verboten, jegliche sorbischen kulturellen Güter und Schriften vernichtet. Intellektuelle wurden ausgewiesen und die schulische Bildung sorbischer Schüler bis auf das Schreiben des eigenen Namens und das Zählen bis 500 untersagt. Die Sorben galten als ein führerloses Arbeitsvolk unter der Herrschaft der Deutschen.[79]

---

[77] Vgl. Peter Kunze: Zur Geschichte der Sorben, in: Die Sorben in der Lausitz, Domowina-Verlag GmbH, Bautzen, 2. stark bearbeitete Auflage 2003, S. 27-30

[78] Vgl. Peter Kunze: Die Sorben/Wenden in der Niederlausitz. Ein geschichtlicher Überblick, Domowina-Verlag, Bautzen, 2000, 2. durchgesehene Auflage, S. 52-58

[79] Vgl. Peter Kunze: Zur Geschichte der Sorben, in: Die Sorben in der Lausitz, Domowina-Verlag GmbH, Bautzen, 2. stark bearbeitete Auflage 2003, S. 27-30

Zu den weiteren nationalsozialistischen Maßnahmen gehörte u.a. die Bestrafung von Sorben, die Kontakt zu Tschechen unterhielten. Der Serbski Casnik wurde verboten und die Maćica Serbska dem Verein für deutsche Kultur untergeordnet. Im Jahre 1937 wurde sie jedoch offiziell untersagt. Alles Wendische[80] wurde nach und nach aus dem öffentlichen Leben gestrichen und die Sorben wurden als Deutsche dargestellt.[81]

Die Sorben, die den Mut aufbrachten und ihren Ursprung und ihre kulturelle und nationale Identität nicht verleugneten, mussten mit brutalen Bestrafungen bis hin zur Einlieferung in ein Konzentrationslager rechnen. Aber auch nach Kriegsende wurde zunächst eine anti-sorbische Politik betrieben. Sie wurden weiterhin bespitzelt und bestraft bei jeglicher Anwendung der sorbischen Sprache.[82]

III. 5. 2. Nachkriegszeit und DDR

Aus sorbischer Sicht gab es geteilte Auffassungen hinsichtlich der Zukunft ihres Volkes. Ein Teil forderte erneut Autonomie, der andere Teil sprach sich für einen Anschluss an die Tschechoslowakei aus. Auch der LSLNA[83] beantragte mehrmals nach Beendigung des Krieges die Angliederung der Lausitz an die Tschechoslowakei und die Besetzung der wichtigsten Ämter in der Lausitz durch sorbische Bürger.[84]

Auf Grund der jahrelangen Nicht-Förderung der sorbischen Intelligenz und der Stagnation der sorbischen Sprache fehlte laut Cyz[85] bei einigen Sorben jedoch ein gewisser Bildungsstand. Die neu eingeführte Bodenreform sollte den Sorben helfen, da diese den Landbewohnern nun eigene Grundstücke zuteilte und sie so zur Selbst-

---

[80] In diesem Fall gebrauche ich den Begriff des Wendischen, da dieser zur Zeit des Nationalsozialismus im diskriminierenden Sinne genutzt wurde.
[81] Vgl. Peter Kunze: Die Sorben/Wenden in der Niederlausitz. Ein geschichtlicher Überblick, Domowina-Verlag, Bautzen, 2000, 2. durchgesehene Auflage, S. 61 f
[82] Ebd., S. 65 f
[83] Abkürzung für Lausitzisch-Sorbischer Landes-Nationalausschuss.
[84] Vgl. Beno Cyz: Die DDR und die Sorben. Eine Dokumentation zur marxistisch-leninistischen Nationalitätenpolitik, Domowina-Verlag, Bautzen, 1969, S. 78
[85] In der Dokumentation „Die DDR und die Sorben" von Beno Cyz werden das Leben der Sorben und die Entwicklung in den ersten 20 Jahren der DDR beschrieben. Auch wenn es sich bei dieser Dokumentation um ein vorsichtig zu betrachtendes populistisches Manifest für die SED und die DDR, die laut Autor die freie Entfaltung und Gleichberechtigung der sorbischen und deutschen Bürger und die Klärung der Nationalitätenfrage ermöglicht hat, handelt, werde ich einige Passagen aus dem Buch wiedergeben. Dabei sollte jedoch immer im Bewusstsein bleiben, dass das Buch auf Propaganda abzielt. Es wird deutlich, dass die Minderheit der Sorben, wie auch schon in den vergangenen Jahrhunderten, für populistische Zwecke genutzt wurde. Dennoch kann eine erste positive Entwicklung für die sorbische Entfaltung, vor allem in den ersten Jahrzehnten der DDR, nicht komplett geleugnet werden.

ständigkeit und Besitztum führte.[86] Im Februar 1946 forderte die KPD deshalb die deutschen Bauern in der Lausitz auf, Teile ihres Landes an die sorbischen Bauern abzutreten. Im gleichen Monat sprach sie sich ebenso für die Gleichberechtigung der Sorben und Deutschen aus, für die Einsetzung der Erhaltung und Förderung der sorbischen Kultur und Sprache, jedoch auch eindeutig gegen eine Abspaltung der Lausitz von Deutschland, die von extrem-nationalistischen Sorben gefordert wurde.[87] Da weder die Angliederung an die Tschechoslowakei noch die Autonomie realisiert wurden und nach und nach gewisse Forderungen der Sorben vom Staat erfüllt wurden, gab es eine Annäherung an KPD und SED, die sich sehr um das sorbische Volk, deren Rechte und Integration bemühten.[88] Zum Programm der KPD gehörte, im Sinne der Gleichberechtigung, eine Förderung der sorbischen Sprache und Kultur. Im Jahre 1946 gründete die Partei das Institut für Lehrerbildung, welches Lehrer in der sorbischen Sprache ausbilden sollte und eröffnete die erste wendische Oberschule. Diese Maßnahmen leiteten das zweisprachige Bildungssystem und Schulwesen in der Lausitz ein. Ebenso wurden neben der sorbischen Zeitung diverse sorbische Schriften eingeführt und gedruckt. Sorbische Bürger waren nun in der Lage, für politische Ämter zu kandidieren.[89] Zwanzig Jahre nach der Gründung der DDR bekleideten mehrere tausend Sorben politische Ämter und Funktionen.[90]

Es wurden diverse pädagogische, kulturelle, soziale und wissenschaftliche Institutionen gegründet, in denen SED-Mitglieder leitende Funktionen übernahmen. Auch die Domowina orientierte sich seit einem Wechsel in der Leitung an der SED und den kommunistischen Zielen und Weltvorstellungen und verlor jegliche Autonomie.[91] Im Juli 1946 bekannten sich die Sorben und die Domowina letztlich zu der Liste der SED und deren politischer Führung.[92] Durch die Wahl eines SED-Mitgliedes in den Hauptausschuss der Domowina wurden der Einfluss und die politische Richtung dieser Partei noch deutlicher.[93]

---

[86] Ebd., S. 23 f
[87] Ebd., S. 90
[88] Vgl. Peter Kunze: Zur Geschichte der Sorben, in: Die Sorben in der Lausitz, Domowina-Verlag GmbH, Bautzen, 2. stark bearbeitete Auflage 2003, S. 31-34
[89] Vgl. Beno Cyz: Die DDR und die Sorben. Eine Dokumentation zur marxistisch-leninistischen Nationalitätenpolitik, Domowina-Verlag, Bautzen, 1969, S. 36-39
[90] Ebd., S. 64
[91] Vgl. Peter Kunze: Zur Geschichte der Sorben, in: Die Sorben in der Lausitz, Domowina-Verlag GmbH, Bautzen, 2. stark bearbeitete Auflage 2003, S. 31-34
[92] Vgl. Beno Cyz: Die DDR und die Sorben. Eine Dokumentation zur marxistisch-leninistischen Nationalitätenpolitik, Domowina-Verlag, Bautzen, 1969, S. 100
[93] Ebd., S. 112

Im April 1946 wurde die Sorbische Jugend mit der FDJ zusammengeführt, bzw. dieser unterstellt.[94]

Bereits im Juni 1946 gab es die ersten Rundfunkausstrahlungen in sorbischer Sprache im tschechoslowakischen Rundfunk.[95] Zwischen dem LSLNA und der Domowina kam es im Oktober 1946 zum Bruch und zu einer öffentlichen Entgrenzung von Zielen und Ideologien.[96]

Im Jahre 1948 wurde „[...] das Gesetz zur Wahrung der Rechte der sorbischen Bevölkerung vom Sächsischen Landtag beschlossen.“[97] Mit der Gründung der DDR wurden laut Cyz Rechte für die Sorben eingeführt und gewahrt und extrem nationalistische Tendenzen einiger Sorben unterbunden.[98] Aus diesem Grund fand auch eine Umstrukturierung des wendischen Dachverbandes Domowina statt, da die bisherigen Mitglieder laut Meinung der SED eine zu nationalistische Position einnahmen, die unter anderem die Forderung nach einer staatlichen Trennung der Sorben und Deutschen mit einbezog.[99] Nach der offiziellen Kooperation der Domowina mit der SED wurden jegliche nationalistische Bestrebungen des sorbischen Nationalrates ausgeschlossen und Anfang 1948 ganz unterbunden.[100] Die Domowina entwickelte sich zu einer politisch agierenden und wichtigen Institution für die DDR, die sich für den Sozialismus, die genossenschaftliche Arbeit und Aufklärung einsetzte.[101]

Im Januar 1948 wurden die unter nationalsozialistischer Herrschaft eingedeutschten Ortsnamen wieder in ihre ursprünglichen sorbischen Namen geändert. Neben dieser Gewährung wurden die folgenden Rechte der Sorben beschlossen und gesetzlich festgelegt: das Recht auf Förderung der sorbischen Sprache und Kultur, das Recht auf Einführung der sorbischen Unterrichtssprache, das Recht auf finanzielle staatliche

---

[94] Ebd., S. 93
[95] Ebd., S. 97
[96] Ebd., S. 110
[97] Beno Cyz: Die DDR und die Sorben. Eine Dokumentation zur marxistisch-leninistischen Nationalitätenpolitik, Domowina-Verlag, Bautzen, 1969, S. 39
[98] Ebd., S. 43
[99] Ebd., S. 45
[100] Ebd., S. 49
[101] Ebd., S. 52 f

Unterstützung und das Recht auf Nutzung der Sprache in den öffentlichen Bereichen.[102]

Von Bedeutung war auch der Sieg der Arbeiterklasse in der Tschechoslowakei im Februar 1948. Die LSLNA wurde aufgelöst und alle sorbischen nationalistischen Bestrebungen wurden ausgelöscht.[103]

Die sorbische Zeitung Serbska sula wurde zum ersten Mal im April 1948 herausgegeben und enthielt pädagogische Inhalte, die vor allem zur Ausbildung und Bildung sorbischer Lehrer beitrug.[104]

Ebenfalls im Jahre 1948 forderte die Vereinigung der sorbischen Jugend neben der Rückkehr sorbischer Bewohner der Tschechoslowakei zurück in die Lausitz, die Unterstellung und Eingliederung in die DDR und die Distanzierung vom reaktionären Westdeutschland, da ihrer Meinung nach den Sorben nur in der DDR freie Entfaltung und Entwicklung der sorbischen Kultur ermöglicht werden könne.[105]

Im Oktober 1948 wurde das Sorbische Volkstheater gegründet, welches zur Verbreitung des sorbischen, kulturellen Gutes beitragen sollte.[106] Mit der Einrichtung der Sorbischen Volksuniversität im Januar 1949 wurde zum ersten Mal eine Institution gegründet, die nach dem Verlassen der Schule zur Weiterbildung von Erwachsenen in der sorbischen Sprache diente.[107]

In der DDR wurden ab 1949 erneut Bemühungen zum Erhalt der sorbischen Sprache und Kultur angestellt. Die Verfassung erhielt einen Artikel, der die Gleichberechtigung der Sorben garantierte. Ab dem Jahr 1952 wurde auch wieder an den sogenannten B-Schulen Sorbisch unterrichtet. Dieses Fach wurde jedoch ab 1964 nicht mehr als Pflichtfach, sondern als Wahlfach offeriert, so dass es erhebliche Einbrüche bei den sorbisch-lernenden Schülern gab.[108] Da es in der Niederlausitz zu wenige Arbeitskräfte für den sorbischen öffentlichen, bildungsorientierten und kulturellen Bereich gab, wurden oberlausitzsche Sorben dort eingesetzt. Diese konnten

---

[102] Ebd., S. 366 ff
[103] Ebd., S. 134 f
[104] Ebd., S. 138
[105] Ebd., S. 140 f
[106] Ebd., S. 147
[107] Ebd., S. 153
[108] Vgl. Peter Kunze: Die Sorben/Wenden in der Niederlausitz. Ein geschichtlicher Überblick, Domowina-Verlag, Bautzen, 2000, 2. durchgesehene Auflage, S. 68 ff

jedoch die Niederlausitzer Sorben auf Grund der unterschiedlichen historischen und sprachlichen Ausgangspositionen und Voraussetzungen nur schlecht erreichen. Aber auch die Neigung zur SED-Politik wurde von den Niederlausitzer Sorben eher skeptisch angesehen. Einen Umschwung gab es in den 60er Jahren, da seither mehr auf die niedersorbische Kultur und Sprache eingegangen wurde. In den Jahrzehnten danach folgten diverse kulturelle Darbietungen in der niedersorbischen Sprache, die bis zum heutigen Tage existent sind.[109]

1950 wurde ein Gesetz zur Förderung der sorbischen Kultur und Interessen in Brandenburg erlassen, nach dem sich alle Verwaltungen und Institutionen in Brandenburg zu richten hatten.[110] Des Weiteren wurde im September 1951 der Bildungssektor ausgebaut und in der Universität Leipzig das Sorbische Institut eingerichtet.[111]

Ende des Jahres 1952 und Anfang 1953 orientierten sich die sorbischen Gebiete in der Lausitz an den Plänen der SED und unterstützten den angestrebten Sozialismus durch die Gründung von landwirtschaftlichen Produktionsgenossenschaften in den einzelnen Kreisen der Lausitz.[112]

Im medialen Bereich gab es 1953 eine erneute Wende durch die Einführung der sorbischen Redaktion im Staatlichen Rundfunkkomitee. Wöchentlich wurden seither 70 Minuten in obersorbischer Sprache ausgestrahlt, später auch auf niedersorbisch.[113]

Die Zukunft der Sorben und der Erhalt ihrer Kultur, Gleichberechtigung und Sprache wurden jedoch öffentlich immer in Abhängigkeit von ihrer Unterstützung der Ziele der DDR gesetzt.[114]

Cyz beschreibt en detail fast jeden einzelnen Tag der ersten zwanzig Jahre der DDR und nennt jede noch so kleine Ehrung, Auszeichnung oder Entwicklung. Dadurch wird schnell erkennbar, wie das System der DDR strukturiert war und funktioniert hat: aufbauend auf reiner Propaganda, aber auch auf verbalem Druckaufbau. Es wurde nicht für die Sorben gekämpft, sondern für den Sozialismus und die DDR. Eine durch

---

[109] Ebd., S. 72-77
[110] Vgl. Beno Cyz: Die DDR und die Sorben. Eine Dokumentation zur marxistisch-leninistischen Nationalitätenpolitik, Domowina-Verlag, Bautzen, 1969, S. 170
[111] Ebd., S. 178
[112] Ebd., S. 190 ff
[113] Ebd., S. 198
[114] Ebd., S. 208

Jahrhunderte unterdrückte Minderheit, wie die der Sorben, war eine interessante Gruppe, die zu werbewirksamen und populistischen Zwecken und Maßnahmen genutzt werden konnte. So wurden den Sorben viele Rechte und neue Freiheiten eingeräumt, die jedoch mit der stetigen Internalisierung der sozialistischen Vorstellungen der SED in Abhängigkeit standen. Ebenso konnte eine bevorzugte Behandlung bzw. Förderung einer Andersartigkeit der Sorben in einem System, das die Gleichschaltung plädierte, nicht funktionieren.[115] Bei verschiedenen Versammlungen, speziell in den Zeiten vor Volksabstimmungen, wurden zwar immer wieder die Verdienste der DDR für die Sorben genannt und betont, jedoch nur zu propagandistischen Zwecken. So auch im Jahre 1968, als Vertreter der Domowina rückblickend auf die letzten 20 Jahre resümiert haben, dass die Gleichberechtigung nur in der DDR möglich gewesen sei und die Sorben nun über die gleichen Rechte wie auch die Deutschen verfügen würden.[116]

Zusammengefasst kann festgestellt werden, dass die DDR den Sorben tatsächlich ein gewisses Maß an Gleichberechtigung ermöglicht hat und das sorbische Nationalbewusstsein mit geprägt hat. Es lässt sich aber ebenso sagen, dass die Sorben dadurch als Sprachrohr dienten, welches die Propaganda der DDR verbreiten sollte. Die Lage der Unterdrückung der Sorben wurde zu staatlichen Zwecken genutzt und missbraucht.

Ein weiterer Nachteil in Zeiten der DDR bestand in der vollkommenen Unterordnung und Abhängigkeit von der SED. Die DDR verlor die regionalen, sprachlichen und kulturellen Aspekte der Sorben aus den Augen und forderte unter anderem den Ausbau des Braunkohlebergbaus in den Wohngebieten der sorbischen Bevölkerung. So wurde der Abriss von 29 von Sorben bevölkerten Dörfern zugunsten des Braunkohlebergbaus ohne jegliche Kritik von der Domowina unterstützt. Diese hundertprozentige Unterwerfung hielt bis in die 70er Jahre an, in denen wieder einige sorbische Intellektuelle das Wohl und den Erhalt der Kultur wie auch der sorbischen Dörfer zum Hauptthema erklärten.[117]

[115] Anmerkung durch Verfasserin.
[116] Vgl. Beno Cyz: Die DDR und die Sorben. Eine Dokumentation zur marxistisch-leninistischen Nationalitätenpolitik, Domowina-Verlag, Bautzen, 1969, S. 336
[117] Vgl. Peter Kunze: Die Sorben/Wenden in der Niederlausitz. Ein geschichtlicher Überblick, Domowina-Verlag, Bautzen, 2000, 2. durchgesehene Auflage, S. 72-77

In den 80er Jahren gab es auch Proteste aus den Reihen der Domowina, die sich ebenfalls um die sorbische Sprache und Kultur sorgten. Sorbische Intellektuelle und Studenten protestierten gegen den Braunkohlebergbau und schlossen sich mit der Kirche zusammen.[118] Im Jahre 1987 gab es deshalb zum ersten Mal wieder einen sorbischen Gottesdienst.[119]

Jegliche schriftlichen Ausarbeitungen protestierender Sorben hinsichtlich der Gefährdung der sorbischen Kultur wurden jedoch bis zum Ende der DDR verboten.[120]

Interessanterweise hatten die Sorben der Niederlausitz, im Vergleich zu den Sorben der Oberlausitz, einen schlechteren Stand in der DDR. Erklärt wird dies teilweise mit dem starken Glauben der Niederlausitzer, an dem sie auch im Sozialismus festhielten. Ein weiteres Festhalten gibt es auch noch heute durch die Eigenbezeichnung als Wenden. Auf Grund dieser schlechteren Stellung und vor allem durch die jahrhundertelange Germanisierungspolitik gibt es heutzutage nur noch ca. 7000 Personen in der Niederlausitz, die die niedersorbische Sprache beherrschen, und Experten gehen davon aus, dass die Sprache in zwei bis drei Jahrzehnten aussterben wird.[121]

III. 5. 3. Die Bundesrepublik Deutschland

Mit dem Fall der Mauer 1989 stellten sich die Sorben neu auf und kämpften erneut für ihre Rechte und den Erhalt ihrer kulturellen Identität. Die Auflösung der DDR führte zu einer Neuaufstellung der Domowina hinsichtlich inhaltlicher und personeller Aspekte. Im Einheitsvertrag von 1990 wurde den Sorben Gleichberechtigung und der Schutz zum Erhalt ihrer Sprache, Kultur und nationalen Identität zugesichert.[122]

---

[118] Vgl. Peter Kunze: Zur Geschichte der Sorben, in: Die Sorben in der Lausitz, Domowina-Verlag GmbH, Bautzen, 2. stark bearbeitete Auflage 2003, S. 31-34

[119] Vgl. Peter Kunze: Die Sorben/Wenden in der Niederlausitz. Ein geschichtlicher Überblick, Domowina-Verlag, Bautzen, 2000, 2. durchgesehene Auflage, S. 72-77

[120] Vgl. Peter Kunze: Zur Geschichte der Sorben, in: Die Sorben in der Lausitz, Domowina-Verlag GmbH, Bautzen, 2. stark bearbeitete Auflage 2003, S. 31-34

[121] Vgl. Sorbische Kulturinformation, Werner Meschkank: Sorben/Wenden in der Niederlausitz, URL: <http://www.ski.sorben.com/site/docs/german/index.htm> [Stand: 14.03.10]

[122] Vgl. Peter Kunze: Zur Geschichte der Sorben, in: Die Sorben in der Lausitz, Domowina-Verlag GmbH, Bautzen, 2. stark bearbeitete Auflage 2003, S. 31-34

Ebenso wurde ein „[...] Rat für sorbische/wendische Angelegenheiten beim brandenburgischen Landtag“[123] eingesetzt.[124] 1991 wurde die „Stiftung für das sorbische Volk“[125] gegründet, welche seit 1998 von der Bundesrepublik Deutschland finanziell unterstützt wird und gewisse Bräuche und Traditionen fördert und zu deren Erhalt beiträgt.[126] Sie unterstützt sorbische Institutionen und Projekte, wie zum Beispiel das Kita-Projekt WITAJ, kulturelle, künstlerische und bildende Angebote und die Domowina. Daneben fördert sie sorbische Talente und produziert sorbische Musik und Filme. Diese werden in Kooperation mit dem Sorabia-Film-Studio fertiggestellt, welches auf sorbische Lehrfilme, Fernsehsendungen und auch Spielfilme spezialisiert ist.[127] Die Förderung der sorbischen Sprache und Kultur wird finanziert aus Mitteln des Bundeshaushaltes, die die Länder Brandenburg und Sachsen unterstützen, um so den Status der Sorben, den diese zu DDR-Zeiten besaßen, weiterhin finanzieren und erhalten zu können.[128]

Neben dieser Stiftung unterstützen und regeln gesetzliche Verfassungen, wie zum Beispiel die Sorbengesetze und das Gesetz zur Ausgestaltung der Rechte der Sorben in den Ländern Brandenburg und Sachsen, den Erhalt der kulturellen Identität der Sorben.[129]

Auch heute noch wird Braunkohle in der Lausitz abgebaut. Verantwortlich für den Abbau ist die deutsche Tochter des schwedischen Konzerns Vattenfall. Der Braunkohlebergbau bringt auf der einen Seite Umsiedlungen und Zerstörungen von Dörfern in der Lausitz[130] mit sich. Andererseits schafft bzw. erhält der Konzern dadurch auch Arbeitsplätze und setzt sich ein für soziale Projekte, die unter anderem

---

[123] Peter Kunze: Die Sorben/Wenden in der Niederlausitz. Ein geschichtlicher Überblick, Domowina-Verlag, Bautzen, 2000, 2. durchgesehene Auflage, S. 76
[124] Ebd., S. 76
[125] Hervorhebung durch Verfasserin.
[126] Vgl. Peter Kunze: Zur Geschichte der Sorben, in: Die Sorben in der Lausitz, Domowina-Verlag GmbH, Bautzen, 2. stark bearbeitete Auflage 2003, S. 31-34
[127] Vgl. Sorbische Kulturinformation, Maria Schiemann: Stiftung für das sorbische Volk, URL: <http://www.ski.sorben.com/site/docs/german/index.htm> [Stand: 14.03.10]
[128] Vgl. Prof. Dr. Stefan Oeter:, Kurzgutachten Minderheitenpolitik und das bundesstaatliche System der Kompetenzverteilung, URL: <http://www.domowina.sorben.com/dokumenty/GutachtenOeter.pdf> [Stand: 15.03.10]
[129] Vgl. Peter Kunze: Zur Geschichte der Sorben, in: Die Sorben in der Lausitz, Domowina-Verlag GmbH, Bautzen, 2. stark bearbeitete Auflage 2003, S. 31-34
[130] Die Braunkohlegebiete sind hauptsächlich in der Niederlausitz angesiedelt.

auch dem Erhalt der sorbischen Kultur dienen.[131] Das Raumkonzept der Kulturanthropologin Ina-Maria Greverus greift soziokulturelle, symbolische, kontrollierende und instrumentale Raumorientierungen auf, die im Gleichgewicht stehen müssen, um dem Menschen Sicherheit zu vermitteln. Wenn jedoch ein Teil, im Beispiel Vattenfall der ökonomische Part, mächtiger ist als der Rest der Gesellschaft, entsteht ein Ungleichgewicht, das die Identität verunsichern und gefährden kann.[132] So erlebte die Generation zu Beginn des Bergbaus Wohlstand, aber auch Umsiedlungen, Abhängigkeit und den Kontrollverlust über den Raum. Die öffentliche Sprache wurde durch den Zuzug deutscher Arbeiter und damit verbundener Hochzeiten von sorbischen Frauen mit deutschen Arbeitern die deutsche Sprache.[133]

IV. Versuche zum Erhalt der sorbischen Kultur

In dem Buch *Die Sorben in der Lausitz*[134] schreibt Bozena Paulik über ihre eigenen Erfahrungen als Sorbin, wobei sie das Selbstverständnis, aber auch Fremdverständnis mit einbezieht. So sind ihre Freunde, als sie diesen gegenüber offenbart, dass sie Sorbin sei, verwundert, da sie doch eigentlich ganz normal wäre. Traditionen, wie zum Beispiel das Tragen der sorbischen Tracht, geht sie nicht im alltäglichen Leben, sondern nur bei bestimmten Festlichkeiten nach. Sie berichtet von der Abwanderung der sorbischen Bewohner nach dem Fall der Mauer und dem kleinen Kampf des sorbischen Kulturerhaltes in der Lausitz.

In manchen Gegenden außerhalb von Bautzen, Kamenz und Wittichenau wird die sorbische Sprache kaum noch gesprochen. In dem sorbischen Kerngebiet jedoch wird Sorbisch unterrichtet und sowohl in manchen Kirchen als auch auf offiziellen Versammlungen weiterhin gesprochen. Die sorbische Sprache gilt als wichtigster Index für die sorbische Identität. Durch den seit der Wende möglichen interkulturellen Austausch mit anderen europäischen Minderheiten unterstützt man sich gegenseitig beim Erhalt der eigenen Sprache und Kultur.[135]

---

[131] Vgl. Bürgerinitiative UMSIEDLER.SCHLEIFE, URL: <http://umsiedler-schleife.de/index.php/Neuigkeiten-Vattenfall/> Stand: [14.03.10]

[132] Vgl. Cordula Ratajczak: Wandel von Raum-Wandel von Identität. Das Beispiel Mühlrose. In: Madlena Norberg/Peter Kosta (Hrsg.): Potsdamer Beiträge zur Sorabistik. Sammelband zur sorbischen/wendischen Kultur und Identität. Universitätsverlag Potsdam, 2008, S. 24 f

[133] Ebd., S. 29 f

[134] Hervorhebung durch Verfasserin.

[135] Vgl. Božena Paulik, Typisch Sorbisch? In: Die Sorben in der Lausitz, Domowina-Verlag GmbH, Bautzen, 2. stark bearbeitete Auflage 2003, S. 7 f

Durch die Globalisierung gibt es einen kommunikativen Austausch heterogener Nationen, so dass sich die eine Minderheit anhand der eigenen Erfahrungen und des kollektiven Gedächtnisses für eine andere Nation einsetzen kann. Sie haben auf Grund der Repression oder eines ähnlichen Traumas ein gleiches Konzept entwickelt. Die Identität wird nicht begrenzt, sondern geht über die eigenen Grenzen hinaus in ein universales, moralisches Gedächtnis.[136]

Als Vorbild für das bereits erwähnte Projekt WITAJ, was übersetzt *Willkommen*[137] bedeutet, standen die Bretonen. Die Idee hierbei ist, den Kindern bereits im Vor-Kindergartenalter die sorbische Sprache beizubringen, so dass eine frühzeitige Identifikation und ein gewöhnlicher alltäglicher Umgang mit der Sprache stattfinden können.[138]

Das Projekt WITAJ existiert seit 1998 und führt bisher neun Kindertagesstätten in Sachsen und Brandenburg, in denen mit den Kindern sowohl deutsch, als auch sorbisch gesprochen wird. Wenn die Eltern es wünschen, können sie danach ihre Kinder einen bilingualen Kindergarten und später eine bilinguale Schule besuchen lassen, um so eine spielerisch leichte Sprachfestigung der deutschen und sorbischen Sprache zu erzeugen.[139]

Seit den 50er Jahren gab es in der DDR sechs sorbische polytechnische Schulen. In der heutigen BRD gibt es sorbische Grund- und Mittelschulen, Oberschulen und Gymnasien[140]. In der Niederlausitz haben sich die sorbischen Schulen nicht in einem so hohen Maße wie in der Oberlausitz durchgesetzt[141] und auf Grund von fehlenden Schülerzahlen besteht die Gefahr[142] der weiteren Schließung von sorbischen

---

[136] Vgl. Bundeszentrale für politische Bildung, Aleida Assmann, URL: <http://www.bpb.de/files/OFW1JZ.pdf> [Stand: 16.03.10]
[137] Hervorhebung durch Verfasserin.
[138] Vgl. Božena Paulik, Typisch Sorbisch? In: Die Sorben in der Lausitz, Domowina-Verlag GmbH, Bautzen, 2. stark bearbeitete Auflage 2003, S. 8 ff
[139] Vgl. Erik Sefkow: Das Modellprojekt WITAJ, URL: <http://www.sorben.org/das-modellprojekt-witaj.html#more-632> [Stand: 15.03.10]
[140] Einige Fächer, wie zum Beispiel Mathematik werden auch auf den sorbischen Schulen in der deutschen Sprache unterrichtet.
[141] In Brandenburg gibt es zurzeit 27 Schulen, an denen Sorbisch unterrichtet und 8 Kitas, in denen Sorbisch gesprochen wird. In Sachsen gibt es 29 Schulen und 30 Kitas.
[142] Diese Gefahr besteht jedoch auch in der Oberlausitz, wo schon einige sorbische Schulen, ebenso wie in der Niederlausitz auf Grund geringer Schülerzahlen/Klassengrößen geschlossen wurden.

Schulen.[143] Die Eltern können in einem solchen Fall nur vereinzelt klagen, da das sorbische Volk kein Kollektivrecht besitzt. Welches Ausmaß der Kampf zum Erhalt der sorbischen Schulen annehmen kann, zeigte der Chrostwitzer Schulstreik im Jahre 2001. Das sächsische Kultusministerium beschloss im genannten Jahr, dass es keine fünfte Klasse mehr in der sorbischen Mittelschule Jurij Chěžka geben dürfe. Mit dem Widerspruch der Kommune folgten Petitionen und Protestmärsche, die sowohl von sorbischen, deutschen, polnischen als auch tschechischen Familien unterstützt wurden. Die Eltern schickten trotz eines Verbotes ihre Kinder weiterhin zur Schule und ließen sie durch bereits pensionierte Lehrer unterrichten. Schließlich haben die Eltern und Schüler den Protest verloren, sie mussten nun zur sorbischen Schule nach Ralbitz fahren und der Anschlag auf das World Trade Center am 11. September rückte ihren Kampf vollkommen in den Hintergrund.[144] Die Sorbische Mittelschule in Ralbitz ist seit 1984 ein UNESCO-Projekt mit den Zielen der Realisierung kultureller Rechte durch Bildung, interkulturelle Vernetzung, Erhalt der sorbischen Sprache und ökologisches Bewusstsein.[145]

IV. 1. Medien und Kultur

Nach und nach haben sich die Sorben für eine Verbreitung und einen Erhalt der Sprache auf dem medialen Weg entschieden. Neben dem sorbischen Domowina-Verlag[146] gibt es sorbische Tages- und Wochenzeitungen, Lehrmaterialen, Radioberichte und Fernsehsendungen.[147]

Seit 1842 gibt es die obersorbische Zeitung Serbske Nowiny, die in der Zeit des Nationalsozialismus verboten wurde und heutzutage an fünf Wochentagen gedruckt wird und durch die Stiftung für das sorbische Volk finanziell unterstützt wird.[148] Das niedersorbische Pendant ist der Nowy Casnik. Daneben gibt es zwei Kultur-

---

[143] Vgl. Božena Paulik, Typisch Sorbisch? In: Die Sorben in der Lausitz, Domowina-Verlag GmbH, Bautzen, 2. stark bearbeitete Auflage 2003, S. 8 ff

[144] Vgl. WITAJ Sprachzentrum, URL: <http://chroscicy.sorben.com/site/files/nemsce/index.html> [Stand: 15.03.10]

[145] Vgl. Sorbische Mittelschule Ralbitz, Michael Walde: Die einzige sorbische UNESCO-Projektschule der Welt, URL: <http://www.schule-ralbitz.de/UnescoD.htm> [Stand: 15.03.10]

[146] Der Domowina-Verlag legt seit 1958 sorbische Bücher auf und vertreibt diese.

[147] Vgl. Božena Paulik, Typisch Sorbisch? In: Die Sorben in der Lausitz, Domowina-Verlag GmbH, Bautzen, 2. stark bearbeitete Auflage 2003, S. 11-14

[148] Vgl. Erik Sefkow: Sorbischsprachige Zeitung-"Serbske Nowiny", URL: <http://www.sorben.org/themen/wissenswertes/medien/> [Stand: 15.03.10]

zeitschriften, Kinderzeitschriften und eine evangelische und katholische Fachzeitschrift.[149]

Neben kulturwissenschaftlichen Erforschungen der Sorben als Minderheit gibt es im kulturellen Bereich Theaterinszenierungen am deutsch-sorbischen Theater[150], Museen und das sorbische National-Ensemble, das weltweit auftritt. Diese Einrichtungen sind wichtig für das sorbische Selbstverständnis. Als essentiell beschreibt Paulik die Stiftung für das sorbische Volk, die einem Volk ohne Mutterland eine gewisse Eigenständigkeit geben soll. Aber auch in den Landtagen gibt es mittlerweile Vertreter der sorbischen Interessen[151], so dass nicht nur Traditionen erhalten werden, sondern auch eine moderne, junge sorbische Kultur heranwachsen kann, bei denen die Identifikation mit der sorbischen Identität und Kultur durch sorbische Musik oder Fernsehsendungen im ORB oder MDR gefördert wird.[152]

Der Sender MDR strahlt pro Woche 21,5 Stunden Beiträge in obersorbischer Sprache aus und übernimmt ebenso die Produktion von 6,5 Stunden in niedersorbischer Sprache, die im RBB ausgestrahlt werden. Bei den Sendungen handelt es sich um Formate für Jugendliche und Erwachsene, die sich mit der Tradition und dem Leben der Sorben oder anderer nationaler Minderheiten auseinandersetzen. Das Programm Wuhladko richtet sich an obersorbische Familien und bietet neben kulturellen Veranstaltungsinformationen auch Interviews an.[153] Ein ähnliches Familienmagazin in der niedersorbischen Sprache wird im RBB ausgestrahlt und nennt sich Łužyca.[154] Daneben gibt es noch die obersorbische Jugendsendung Satkula und das ähnliche niedersorbische Format Bubak für Jugendliche.[155]

---

[149] Vgl. Sorbische Kulturinformation, Sorbische Institutionen und Vereine im Haus der Sorben-Bautzen, URL: <http://www.sorben.com/Sorbs/indexck.htm> [Stand: 15.03.10]
[150] Das deutsch-sorbische Theater wurde bereits 1796 gegründet und ist ein bikulturelles Theater, welches Theaterstücke in den Sprachen obersorbisch, niedersorbisch und deutsch produziert und aufführt. Für die kulturelle Vermittlung werden unter anderem auch Simultanübersetzer eingesetzt.
[151] Der sächsische Ministerpräsident Stanislaw Tillich ist ebenfalls ein Sorbe.
[152] Vgl. Božena Paulik, Typisch Sorbisch? In: Die Sorben in der Lausitz, Domowina-Verlag GmbH, Bautzen, 2. stark bearbeitete Auflage 2003, S. 11-14
[153] Vgl. Mitteldeutscher Rundfunk, Das sorbische Programm, URL: <http://www.mdr.de/sorbisches-programm/173518.html> [Stand: 15.03.10]
[154] Vgl. Rundfunk Berlin-Brandenburg RBB, URL: <http://www.rbb-online.de/luzyca/index.html> [Stand: 02.04.10]
[155] Vgl. Sorbische Kulturinformation, Sorbische Institutionen und Vereine im Haus der Sorben-Bautzen, URL: <http://www.sorben.com/Sorbs/indexck.htm> [Stand: 02.04.10]

Auch die neuen Medien, wie zum Beispiel das Internet, werden zum Erhalt der Sprache genutzt. Auf der Homepage www.internecy.de gibt es einen regen, in sorbischer Sprache stattfindenden Austausch. Weitere zukunftsorientierte Bemühungen finden durch die Diskussion der zweisprachigen Erziehung und Bildung in der Lausitz statt.[156] Ebenso wie bei Verhulst wird hier die Meinung vertreten, dass die neuen Medien neben religiösen, ethnischen und ökonomischen Bestrebungen der Aufrechterhaltung einer bestimmten Identität dienen.[157]

IV. 2. Kultur und Sprache

Ihre Sprache und Kultur konnten die Sorben trotz der jahrhundertelangen Unterdrückung bis heute erhalten, so dass in vielen Gebieten Sachsens und Brandenburg öffentliche Ausschilderungen in sorbischer[158] und deutscher Sprache zu finden sind. Laut Schätzung gibt es heutzutage in der Lausitz noch ca. 20.000 sorbisch sprechende Bewohner von insgesamt ca. 60.000 Sorben.[159] Dass diese Zahl von Sorben eine eindeutige Minderheit ausmachen, wird durch die Bewohnerzahlen der Nieder- und Oberlausitz verdeutlicht. So hat die Niederlausitz eine Einwohnerzahl von insgesamt ca. 511.590 Bewohnern[160] und die deutsche Oberlausitz von ca. 623.000.[161] Von den 20.000 sorbisch sprechenden Bewohnern der Lausitz stammen ca. 7000 aus der Niederlausitz, wobei der Hauptteil der älteren Generation angehört.[162]

Die Kultur und Sprache werden gepflegt und geschützt durch die Stiftung für das sorbische Volk. Daneben gibt es die Wendische Volkspartei, die sich insbesondere für die Sorben und ihre Rechte einsetzt. Diese geht auf die im Jahre 1919 gegründete

---

[156] Vgl. Božena Paulik, Typisch Sorbisch? In: Die Sorben in der Lausitz, Domowina-Verlag GmbH, Bautzen, 2. stark bearbeitete Auflage 2003, S. 11-14

[157] Vgl. Kevin Robins: Beyond Imagined Community? Transnationale Medien und türkische MigrantInnen in Europa. In Brigitte Hipfl/Elisabeth Klaus/Uta Scheer (Hrsg.): Identitätsräume. Nation, Körper und Geschlecht in den Medien. Eine Topografie. transcript Verlag, Bielefeld, 2004, S. 119

[158] Gemeint sind die ober- und niedersorbischen Sprachen.

[159] Vgl. Mitteldeutscher Rundfunk, URL: <http://www.mdr.de/sorbisches-programm/rundfunk/1911300.html#absatz1> [Stand: 02.04.10]

[160] Vgl. Lars Scharf, URL:<http://www.cottbus-und-umgebung.de/a1s0i72si0.html> [Stand: 02.04.10]

[161] Vgl. Wikimedia Foundation Inc., Oberlausitz, URL: <http://de.wikipedia.org/wiki/Oberlausitz> [Stand: 01.04.10]

[162] Vgl. Werner Meschkank: Vom Verhältnis der Kirche, in: Madlena Norberg/Peter Kosta (Hrsg.): Potsdamer Beiträge zur Sorabistik. Sammelband zur sorbischen/wendischen Kultur und Identität, Universitätsverlag Potsdam, 2008, S. 127

Lausitzer Volkspartei zurück, die sich für ein besseres Zusammenleben der sorbischen und deutschen Mitbürger einsetzte.[163]

Eine Pflege der sorbischen Sprachen zum Erhalt derselben findet im Sorbischen Institut und am Institut für Sorabistik an der Universität in Leipzig statt, welche sich beide unter anderem mit der kulturwissenschaftlichen sorabistischen Forschung befassen.[164]

Ein wohl bedeutender und für die sehr gläubigen Sorben wichtiger Aspekt ist die Anerkennung der sorbischen Sprache als Liturgiesprache durch den Vatikan.[165]

IV. 3. Kunst

Neben einer Riege von sorbischen Schriftstellern entwickelten sich sorbische Künstler heraus, die vor allem in den zwanziger Jahren durch die Darstellung sorbischer Kultur ihr Nationalbewusstsein ausdrücken wollten. In der DDR wurde diese daraus entstandene Künstler-Kultur einerseits gefördert, aber andererseits auch in die Richtung des sozialen Realismus gedrängt und beschränkt. Einen Ausbruch aus dieser Beschränkung gab es durch den Künstler Jan Buk in den 70er Jahren. Heutzutage versuchen die Künstler vor allem die sorbische Tradition mit der modernen Gegenwart zu verbinden und auszudrücken.[166]

IV. 4. Musik

Bereits im 16. Jahrhundert entstand eine eigene sorbische Musikkultur, die vor allem aus Protestbekundungen gegen die Feudalherrschaft bestand. Typisch sorbische Instrumente sind der Dudelsack, die Tarakawa, die kleine und die große Geige. Während der Reformation ist zudem die sakrale sorbische Musik entstanden. In der Oberlausitz entstanden sorbische Chöre, die jedoch zur Zeit des Nationalsozialismus

---

[163] Vgl. Mitteldeutscher Rundfunk, Die Sorben – Was? Wann? Warum?, URL: <http://www.mdr.de/sorbisches-programm/rundfunk/1911300.html#absatz1> [Stand: 02.04.10]

[164] Vgl. Helmut Faßke: Sprache, in: Die Sorben in der Lausitz, Domowina-Verlag GmbH, Bautzen, 2. stark bearbeitete Auflage 2003, S. 35-38

[165] Vgl. Manfred Ladusch: Reise durch das Land der Sorben, in: Die Sorben in der Lausitz, Domowina-Verlag GmbH, Bautzen, 2. stark bearbeitete Auflage 2003, S. 68

[166] Vgl. Maria Mirtschin: Bildende Kunst, in: Die Sorben in der Lausitz, Domowina-Verlag GmbH, Bautzen, 2. stark bearbeitete Auflage 2003, S. 48 ff

verboten wurden.[167] Ab dem Jahre 1937 konnte sorbische Musik nur noch illegal gespielt und gehört werden. Ab 1948 wurde die sorbische Musik durch den Rundfunk und öffentliche Auftritte wieder verbreitet hörbar.[168] Eine richtige Wiederbelebung erfolgte jedoch erst im Jahre 1952 mit der Gründung des Sorbischen National-Ensembles, welches kulturelle sorbische Traditionen durch Tanz und Musik aufgegriffen hat. Diesem folgten der Sorbische Künstlerbund und der Bund sorbischer Gesangsvereine.[169]

IV. 5. Traditionen und Bräuche

Viele sorbische Bräuche haben ihren Ursprung bereits in der Zeit vor der Christianisierung im heidnischen Landleben und werden bis zum heutigen Tage zum Erhalt der eigenen Kultur und Tradition genutzt. Je nach Gebiet und Ortschaft gibt es jedoch einige Unterschiede. Ein wichtiger Bestandteil der sorbischen Kultur und der meisten Bräuche ist die oft von der sorbischen Frau getragene Tracht, welche in einigen Regionen sogar noch im alltäglichen Gebrauch getragen wird.[170] Sie gibt bzw. gab Auskunft über den Herkunftsort der Trägerin und ihren sozialen Status, je nachdem welchen Stoff die Trägerin für ihre Tracht genutzt hat.[171]

Bis zur Mitte des 19. Jahrhunderts trugen alle sorbischen Frauen die Volkstrachten. Heutzutage wird die Tracht im täglichen Gebrauch fast ausschließlich von der älteren Dorfbevölkerung getragen.[172]

Es existieren noch vier Trachtengegenden in der Lausitz, deren Trachten in Form und Farben divergieren. Es gibt die Tracht der Niedersorben mit vier verschiedenen Varianten, die im Gebiet um Cottbus herum getragen wird, die Tracht des Kirchspiels Schleife mit 50 Varianten, die Hoyerswerdaer Tracht mit 60 Varianten und die Tracht

---

[167] Vgl. Jan Raupp/Jurij Wuschansky: Musik, in: Die Sorben in der Lausitz, Domowina-Verlag GmbH, Bautzen, 2. stark bearbeitete Auflage 2003, S. 51-55

[168] Vgl. Detlef Kobjela: Sorbische Musikkultur, in: Madlena Norberg/Peter Kosta (Hrsg.): Potsdamer Beiträge zur Sorabistik. Sammelband zur sorbischen/wendischen Kultur und Identität, Universitätsverlag Potsdam, 2008, S. 76 f

[169] Vgl. Jan Raupp/Jurij Wuschansky: Musik, in: Die Sorben in der Lausitz, Domowina-Verlag GmbH, Bautzen, 2. stark bearbeitete Auflage 2003, S. 51-55

[170] Vgl. Sabine Sieg: Traditionen und Bräuche, in: Die Sorben in der Lausitz, Domowina-Verlag GmbH, Bautzen, 2. stark bearbeitete Auflage 2003, S. 56-59

[171] Vgl. AG Tourismus Raddusch, Peter Becker: Radduscher Spreewaldtrachten, URL: <http://www.radduscher-spreewaldtracht.de> [Stand: 02.04.10]

[172] Vgl. Lotar Balke: Über sorbische Volkstrachten, in: Die Sorben in der Lausitz, Domowina-Verlag GmbH, Bautzen, 2. stark bearbeitete Auflage 2003, S. 60-64

der katholischen Sorben in den Gebieten in und um Bautzen, Kamenz und Hoyerswerda.[173] Zum Erhalt der Trachtentraditionen wurden unter anderem Trachtenvereine und spezielle kulturelle Gruppierungen gegründet.[174] Kirchliche Feiertage, aber auch Anlässe wie Taufe, Firmung, Hochzeit und Kommunion schließen das Tragen der Volkstrachten mit ein.[175]

Je nach Anlass unterscheidet sich auch die Art der Tracht. Unterschieden wird hierbei, ob sie zur Arbeit, zu einem Stadtaufenthalt, in der Kirche oder bei Festivitäten getragen wird. Die Tracht besteht aus einer Haube, einem Halstuch, einem Wollrock, einer Schürze und einem Rockband, wobei die einzelnen Teile immer bestickt sind, zumeist in einer Dreierkombination.[176] Der dazu getragene Schmuck besteht aus archaisch wirkenden Glasperlen.[177]

Jedes Jahr beginnen die Bräuche mit der Vogelhochzeit im Januar. Diese ist ein mystischer Brauch aus der Oberlausitz, bei dem den Ahnengeistern Speisen geopfert wurden, um Dämonen günstig zu stimmen. Heutzutage findet man die Ausübung des Brauches in abgewandelter Form bei allen sorbischen Kindern in der gesamten Lausitz.[178] Hierbei wird der Dank der Vögel an die Kinder für die Winterfütterung zelebriert. Die Kinder stellen am Abend des 24. Januars Teller auf die Fensterbretter, welche dann nachts von den Eltern mit gebackenen Plätzchen in Vogel- oder Nestform ausgestattet werden. Am 25. Januar spielen die Kinder dann die Vogelhochzeit von Rabe und Elster in Vogelkostümen oder sorbischen Trachten in einem Kostümzug nach.[179]

Es folgt die sorbische Fastnacht, der sogenannte Zapust, ein dreitägiges Spektakel mit Tanz und traditionellem Eieressen. Der Zapust ist ein niedersorbischer Fastnachts-

---

[173] Vgl. Sorbische Kulturinformation,
URL: <http://www.sorben.com/Sorbs/strony/deutsch/dt3allg.htm> [Stand: 14.03.10]

[174] Vgl. Lotar Balke: Über sorbische Volkstrachten, in: Die Sorben in der Lausitz, Domowina-Verlag GmbH, Bautzen, 2. stark bearbeitete Auflage 2003, S. 60-64

[175] Vgl. Manfred Ladusch: Reise durch das Land der Sorben, in: Die Sorben in der Lausitz, Domowina-Verlag GmbH, Bautzen, 2. stark bearbeitete Auflage 2003, S. 68

[176] Vgl. Spreewald Marketing Service, Sorbische Trachten und ihre Bedeutung,
URL: <http://www.spreewald-web.de/sorb_Trachten.0.html> [Stand: 14.03.10]

[177] Vgl. Lotar Balke: Über sorbische Volkstrachten, in: Die Sorben in der Lausitz, Domowina-Verlag GmbH, Bautzen, 2. stark bearbeitete Auflage 2003, S. 60-64

[178] Vgl. Sorbische Kulturinformation, Ptaškowa swajźba-Vogelhochzeit 25. Januar, URL: <http://www.ski.sorben.com/site/docs/german/index.htm> [Stand: 14.03.10]

[179] Vgl. Erik Sefkow: Vogelhochzeit, URL: <http://www.sorben.org/vogelhochzeit.html> [Stand: 15.03.10]

brauch, der in der Zeit von Januar bis März ausgeübt wird. Er bezieht sich auf das Arbeitsleben und die Auflösung der Spinte, wo sich die Mädchen des Dorfes trafen, um gemeinsam zu spinnen. Kurz vor Frühjahrsbeginn lösten sich die Spinten auf und die Jungen des Dorfes konnten die Mädchen aus den Spinten holen, um mit diesen Zapust zu feiern.

Neben dem Zapust gibt es das Zampern, bei dem Gefahren abgewendet und Fruchtbarkeit beschworen werden sollten. So ging man mit Weiden- oder Birkenruten durch das Dorf und berührte jeden mit der Rute. Dieser Brauch wird heutzutage nicht mehr so wie ursprünglich ausgeführt.[180] Das Zampern findet nun jedes Jahr am Faschingsdienstag zur Vertreibung des Winters statt. Hierbei wandern die Kinder und Jugendlichen verkleidet von Haus zu Haus und sammeln Geld für die Faschingsfeiern oder Süßigkeiten. Als Dankeschön bekommen diejenigen, die etwas gespendet haben, ein Ständchen und einen Schnaps.[181]

So wie der Zapust am Landleben und an der Fruchtbarkeit der Felder orientiert ist, ist es das Aufstellen des Maibaumes und das Schöpfen des Osterwassers. Das Feuer, dem eine reinigende, magische Kraft zugesprochen wird, wird zu Ostern in der gesamten Lausitz und in der Walpurgisnacht auch in der Ober- und Mittellausitz entfacht. Neben den Osterfeuern gibt es das typische Ostereierbemalen, welches ebenfalls Fruchtbarkeit entfachen sollte und das Osterreiten. Dieses gilt heutzutage dem Gedenken an die Auferstehung Jesu, zu früheren Zeiten jedoch war dieses ebenfalls ein magischer, heidnischer Brauch, der die Saat schützen sollte. Das Osterreiten zieht zahllose Touristen an. Diese Tradition besteht seit über 500 Jahren und diente ursprünglich der Verbesserung der Ernteerträge. Das Ausmaß der Reiterprozession kann man sich vorstellen, wenn man weiß, dass fast jeder sorbische Mann zu Ross an der Prozession teilnimmt.[182]

---

[180] Vgl. Sorbische Kulturinformation, Zymske naložki-Winterbräuche, URL: <http://www.ski.sorben.com/site/docs/german/index.htm> [Stand: 14.03.10]
[181] Vgl. Erik Sefkow: Zampern (Camprowanje), URL: <http://www.sorben.org/zampern-camprowanje.html> [Stand: 14.03.10]
[182] Vgl. Erik Sefkow: Osterreiten 2009, URL: <http://www.sorben.org/themen/veranstaltungen/osterreiten/> [Stand: 14.03.10]

183

Die Ostereier werden jedoch nicht nur bemalt, sondern auch verschenkt. Das Ei symbolisiert Fruchtbarkeit, Lebenskraft und Wachstum; diese Merkmale werden durch die Weitergabe übertragen.[184]

Das Eierschieben der Sorben ist ein jahrhundertealter Brauch, bei dem die wohlhabenden Bewohner der Oberlausitz Eier, Äpfel, Nüsse und Apfelsinen den Protschenberg herunterrollen ließen, so dass ärmere Kinder diese auffangen und mit nach Hause nehmen konnten. Nachdem dieser Brauch einige Jahrzehnte ausgesetzt wurde, wird dieser seit 2001 wieder aktiv betrieben und dient als weiteres Touristenevent. Gerollt werden jedoch keine Lebensmittel, sondern Bälle in eiähnlicher Form.[185]Den Osterfestivitäten folgt das Hahnschlagen. Das Hahnschlagen, auch bezeichnet mit dem sorbischen Wort für Hahn *kokot*[186], ist ebenfalls ein niedersorbischer Brauch, der sich auf die Ernte und den Geist der Fruchtbarkeit bezieht. Diese Fruchtbarkeit wurde

---

[183] Urheber: Handrij Noack; hn kreativ media

[184] Vgl. Sorbische Kulturinformation, Jatšy-Ostern, URL: <http://www.ski.sorben.com/site/docs/german/index.htm> [Stand: 14.03.10]

[185] Vgl. Erik Sefkow: Eierschieben, URL: <http://www.sorben.org/eierschieben.html> [Stand: 14.03.10]

[186] Hervorhebung durch Verfasserin.

dem Hahn zugesprochen, der sich nach der Ernte unter einer Garbe versteckt hielt. Die Männer und Frauen des Dorfes schmückten die Garbe und sich selbst und feierten gemeinsam. Bei dem Hahnschlagen wurde ein Hahn auf dem Feld ausgesetzt, um diesen letztlich wieder einzufangen und totzuschlagen. Heutzutage wird das Hahnschlagen mit Töpfen durchgeführt. Um den Erntekönig festzustellen, wird ein toter Hahn an den Beinen an einen Holzbalken aufgehängt. Die Jungen des Dorfes reiten unter ihm durch und versuchen den Kopf abzureißen. Wer das schafft, wird der neue Erntekönig.[187]

Weitere Bräuche sind das „[...] Stolle-, Stoppel- und Johannisreiten sowie das Kranzstechen – heute Reiterspiele der Jugendlichen."[188] Das Johannisfest ist ebenfalls ein archaischer Brauch der Niederlausitzer, der den Tag der Sommersonnenwende als einen heiligen Tag des Wunders und der Heilkräfte bezeichnet. Das Johannisreiten findet heute nur noch in dem Ort Casel statt, bei dem eine Figur namens Jan den Mittelpunkt darstellt und den Wachstumsgeist symbolisiert.[189]

Im Winter werden Kinder in einigen Dörfern von den sogenannten Berscherkindern[190] noch vor Weihnachten beschenkt. Das Berscherkind ist in der Vorweihnachtszeit nur noch in Jänschwalde zu sehen. Früher wurden die ältesten Mädchen der Spinnereien als Berscherkinder verkleidet. Heute gibt es ein Mädchen, das hinter Schmuck und Tracht versteckt von Haus zu Haus zieht, den Kindern Süßigkeiten bringt und den Eltern durch Streifen mit der Rute Kraft und Gesundheit beschert. Am Abend vor Neujahr geht man einem Brauch nach, der keine bestimmte Bezeichnung trägt. Hier werden Teigteilchen in Tierformen gebacken und verschenkt, um so den Beschenkten Glück zu überreichen und zu bringen. Der ursprüngliche Gedanke bestand darin, dass das gebastelte Vieh vor Krankheiten schützen sollte.[191]

Da das Interesse an dem Erhalt der traditionellen Bräuche und Riten mit den Jahren weniger wurde, haben es sich bestimmte Institutionen zur Aufgabe gemacht, diese in

---

[187] Vgl. Sorbische Kulturinformation, Kokot, URL: <http://www.ski.sorben.com/site/docs/german/index.htm> [Stand: 14.03.10]
[188] Sabine Sieg: Traditionen und Bräuche, in: Die Sorben in der Lausitz, Domowina-Verlag GmbH, Bautzen, 2. stark bearbeitete Auflage 2003, S. 59
[189] Vgl. Sorbische Kulturinformation, Jánske rejtowanje-Johannisreiten 24. Juni, URL: <http://www.ski.sorben.com/site/docs/german/index.htm> [Stand: 14.03.10]
[190] Der Begriff ist gleichzusetzen mit dem Christkind.
[191] Vgl. Sorbische Kulturinformation, Janšojski bog-Jänschwalder Berscherkind, URL: <http://www.ski.sorben.com/site/docs/german/index.htm> [Stand: 14.03.10]

öffentlichen Inszenierungen wieder aufleben lassen, damit sie nicht in Vergessenheit geraten.[192]

IV. 6. Vereine und Institutionen

Eine dieser Institutionen ist die sorbische Kulturinformation. Sie informiert und betreut alle sorbischen Vereine und führt kulturelle Aktionen durch. Für Interessenten der sorbischen Kultur bieten sie neben Informationsmaterial auch Führungen und Reisen an. Ihren Sitz hat sie im Haus der Sorben in Bautzen[193], wo auch viele andere sorbische Institutionen situiert sind. Die Idee zur Gründung des Hauses der Sorben ist bereits 1866 entstanden und wurde ca. drei Jahrzehnte später umgesetzt.

Im Jahre 1945 brannte das Wendische Haus/Serbski Dom in Bautzen auf Grund von Feuerlegung durch die Nationalsozialisten ab. Zwei Jahre später wurde erneut der Grundstein für das sorbische Haus gelegt und neu errichtet. Im Sorbischen Haus sitzen Vereine, wie zum Beispiel der Dachverband der Sorben, Domowina e.V.. Dieser setzt sich seit jeher für die Anerkennung der sorbischen Kultur und Sprache ein, weswegen er in der Zeit des Nationalsozialismus auch als illegitim betrachtet wurde. Nach dem Krieg wurde die Tätigkeit der Domowina wieder aufgenommen und zu den Zeiten der DDR als eine sozialistische nationale Vereinigung akzeptiert. Nach der Auflösung der DDR hat die Domowina sich erneut umstrukturiert und ist seither eine autonome, vor allem unpolitische Organisation, die als Vertreterin der Interessen der Sorben zum Erhalt und zur Gewinnung einer eigenen sorbischen Identität dient. Ihr gehören 23 Vereine an, die sowohl in Deutschland, als auch in Tschechien, Polen, Australien und Texas angesiedelt sind.

V. Literarische Aufarbeitung sorbischer Geschichte

Eines der wichtigsten sorbischen Schriftstücke war und ist die Volkssage *Krabat*[194]. Sie kann als Schlüsselwerk der sorbischen Kultur und Literatur betrachtet werden und wurde von verschiedenen Schriftstellern immer wieder neu bearbeitet und verfasst. Dass die sorbische Volkssage oft auch durch die jeweilige Epoche geprägt wurde, wird deutlich an den abweichenden Versionen der Sage. Zu den neueren Schriften

[192] Vgl. Sabine Sieg: Traditionen und Bräuche, in: Die Sorben in der Lausitz, Domowina-Verlag GmbH, Bautzen, 2. stark bearbeitete Auflage 2003, S. 56-59
[193] Bautzen gilt als das kulturelle Zentrum der Sorben in der Oberlausitz.
[194] Hervorhebung durch Verfasserin.

zählt unter anderem die Schrift *Meister Krabat*[195] von Martin Nowak-Neumann aus dem Jahre 1954. Bei dieser Lektüre fällt auf, dass sie aus dem sorbischen Nationalismus und dem sozialistischen Einfluss der DDR entsprungen ist, indem Krabat als Volksheld dargestellt wird, der aus ärmlichen Verhältnissen kommt und seine neu erworbenen Zauberkräfte gegen die Unterdrückung der Bauern einsetzt. Der sozialistische Bezug wird veranschaulicht, indem Krabat seine Ländereien unter den Bauern aufteilt. Hierdurch ermöglicht er diesen ihre persönliche Selbstverwirklichung durch Arbeit. Diese Version unterstützt die für das System typischen Ideologien.[196]

1968 folgte das Werk *Die schwarze Mühle*[197] von Jurij Brezan. Brezan war der Meinung, dass es sich bei der Volkssage um den möglichen Kampf eines unterdrückten Volkes handele, sich aus der Leibeigenschaft zu befreien - mit dem Ergebnis, dass zunächst die geistige Freiheit vorhanden sein müsse, um auch die körperliche Befreiung erkämpfen zu können. Diese Interpretation nimmt Bezug auf das cartesianische Subjekt, welches den Leitspruch *Cogito ergo sum-Ich denke, also bin ich*[198] verfolgt bzw. auf das sogenannte Subjekt der Aufklärung Stuart Halls. Durch die völlige Herauslösung der Figur Krabat aus Raum und Zeit wird diese zu einer mythischen Figur, die den Zauberer und dessen Macht nur besiegen kann, indem sie diesem das geistige Eigentum und die Unterstützung durch das Volk nimmt. Dennoch kann er den Befreiungskampf nur mithilfe der Mutter des Freundes gewinnen. Als Mutter könnte er die eigene Kultur und die Rückbesinnung auf den Ursprung benennen wollen und den Kampf gegen die Germanisierung symbolisieren.[199]

1971 schrieb Ottfried Preußler das Buch Krabat. Er berichtet über die Lehrlingszeit des jungen Krabat in der Mühle. Um sich aus seinem bisherigen Leben als Bettler zu lösen, erlernt er die Künste der schwarzen Magie durch seinen Meister. Um sich wiederum aus diesen neu entstandenen Zwängen befreien zu können, benötigt er

---

[195] Hervorhebung durch Verfasserin.

[196] Vgl. Marie-Luise Ehrhardt: Die Krabat-Sage. Quellenkundliche Untersuchung zu Überlieferung und Wirkung eines literarischen Stoffes aus der Lausitz. N.G. Elwert Verlag, Marburg, 1982, S. 55

[197] Hervorhebung durch Verfasserin.

[198] Hervorhebung durch Verfasserin

[199] Vgl. Marie-Luise Ehrhardt: Die Krabat-Sage. Quellenkundliche Untersuchung zu Überlieferung und Wirkung eines literarischen Stoffes aus der Lausitz. N.G. Elwert Verlag, Marburg, 1982, S. 63 f

einen starken Willen, einen guten Freund und die Liebe.[200] Im Jahre 2008 wurde das Buch Preußlers verfilmt. Es spielt in der Zeit des Dreißigjährigen Krieges und handelt von dem Waisenjungen Krabat, der in der schwarzen Mühle in die Lehre geht. Neben ihm gibt es noch ein Dutzend anderer Lehrlinge. Außer zwischen zwei oder drei Jungen existiert kein Zusammenhalt unter ihnen. In der Osternacht werden die Lehrlinge vom Meister an einen Ort geschickt, an dem ein Mensch gewaltsam zu Tode gekommen ist. In dieser Nacht tritt Krabat durch den ihn begleitenden Gesellen und nun auch Freund Tonda zum ersten Mal in Berührung mit magischen Kräften und in Kontakt mit einem Mädchen aus dem Dorf. Nach der Nacht tritt Krabat trotz der Warnung Tondas in die geheime Bruderschaft der schwarzen Mühle ein und erhält dafür magische Fähigkeiten. Als Bedingung muss er jedoch seine Vergangenheit hinter sich lassen und als Symbol dafür ein Kreuz, das ihm seine Mutter kurz vor ihrem Tode schenkte, begraben. Die Zeit vor den Lehrlingsjahren, seine Kindheit und sein Glaube werden durch die Magie ersetzt. Als der Meister erfährt, dass Tonda eine Freundin aus dem Dorf hat und deren Namen herausbekommt[201], wird diese am nächsten Tag tot aufgefunden. Tonda wird von Tag zu Tag schwächer und rät schließlich Krabat mit dem Strom der Zeiten mitzuschwimmen. Nachdem Tonda auch tot aufgefunden wird, erfährt Krabat, dass jeder der Lehrlinge todgeweiht ist, denn jedes Jahr muss einer sterben, so dass ein neuer Lehrling kommen kann und der Meister nach einer Nacht verjüngt zurückkehren kann. Der Zuschauer versteht nun, dass kein Zusammenhalt unter den Burschen entstehen kann, da jeder an sich und sein Leben denkt und zu viel Angst hat vor dem baldigen Tod. Diese Unsicherheit und das stete Gesicht des Todes vor Augen zeigt, wer sich selbst am Nächsten ist. Krabat wird nun heimlich von dem Gesellen Juro in der Magie unterrichtet, um so den Meister besiegen zu können und mit seiner Freundin aus dem Dorf zusammen sein zu können. Damit der Meister den wahren Namen des Mädchens nicht erfährt, gibt Krabat ihr den Namen Kantorka. In den heimlichen Unterrichtsstunden lernt er, dass er seine Kraft nur stärken und ausbauen kann, indem er sich immun gegen äußere Einflüsse macht. Der Meister, der diesen heimlichen Kampf registriert, bietet Krabat einen Pakt an. So kann dieser einen anderen Lehrling, wie zum Beispiel seinen Feind Lyschko wählen, dass dieser in den Tod geschickt wird anstelle von Krabat. Da Krabat sich nicht darauf einlässt, ist er der nächste Todgeweihte. Am gleichen Tag noch gräbt Krabat das Kreuz seiner Mutter aus, um es wieder zu tragen. Als Lyschko das Gespräch belauscht

---

[200] Ebd., S. 66

[201] Der Meister kann das Paar nur töten, wenn er den Namen des Mädchens kennt.

hat, läuft dieser ins Dorf und übergibt Kantorka einen Ring aus ihren Haaren, der als, von ihr und Krabat verabredetes Zeichen dafür galt, dass sie in dieser Nacht zur Mühle kommen sollte. Als sie erscheint, verwandelt der Meister alle Gesellen in Raben und stellt ihr die Aufgabe, aus allen Raben Krabat heraus zu finden. Da sie Krabat anhand seines Herzklopfens identifiziert, ist der Meister besiegt und stirbt, denn die Liebe des Pärchens und der Zusammenhalt der Jungen waren stärker als seine Magie. Der Film endet damit, dass die Jungen die Mühle verlassen und Krabat die Geschehnisse so zusammenfasst, dass alles auf dieser Welt einen Preis habe. So haben sie zwar die Macht der Magie verloren, aber ihre Freiheit wiedergewonnen.[202] Diese Form der Sage spiegelt die sorbische Kultur und den jahrhundertelangen Kampf der Sorben auf literarischem Wege wieder. So war die Historie zu den meisten Zeiten gekennzeichnet von Angst und Unsicherheit. Die im Film angesprochene Immunisierung gegen äußere Einflüsse stellt den durch Stuart Hall beschriebenen Kampf gegen das soziologische Subjekt zum Subjekt der Aufklärung dar. Das aufgeklärte Subjekt beinhaltet eine zentrierte Person voller Vernunft, welche sich zwar weiterentwickelt, jedoch im Kern sie selbst bleibt und somit ihre Identität aufrecht erhält.[203] So erscheint ein klarer Bezug zu der Realität der Sorben, die den Germanisierungsprozessen zu Teilen trotzen konnten, indem sie sich ihren inneren Kern bewahrt haben.

Ein deutlicher Appell lautet, dass ein Ziel nur erreicht und ein Kampf nur gewonnen werden kann, wenn ein Zusammenhalt besteht, so wie sich Krabat und Lyschko trotz ihrer Feindschaft doch füreinander eingesetzt haben. Aber auch das Kreuz ist symbolisch zu deuten. Es steht nicht nur für den christlichen Glauben, der eine starke Rolle beim Überleben der sorbischen Kultur und Sprache hat, sondern auch für die Vergangenheit. Indem Krabat das Kreuz wieder ausgräbt, findet er zu seiner Mutter, seiner Kindheit und dem christlichen Glauben zurück. Er kehrt dadurch zurück zum Ursprung und kämpft gegen das Aufzwingen einer neuen Identität. Und zu guter Letzt ist die Liebe zwischen den beiden Menschen Krabat und Kantorka der rettende Aspekt. Das Aufoktroyieren der magischen Identität und die damit verbundene Lösung von allem, was in der Vergangenheit gelegen hat, beleuchtet eine Parallele zur realen historischen Situation der Sorben. So wurde durch die Germanisierungspolitik

---

[202] Vgl. Krabat auf Kino.to, URL: <http://kino.to/> [Stand: 01.04.10]

[203] Vgl. Stuart Hall: Kulturelle Identität und Globalisierung, in: Karl H. Hörning/Rainer Winter (Hrsg.): Widerspenstige Kulturen. Cultural Studies als Herausforderung, Suhrkamp Verlag, Frankfurt am Main, 1999, S. 394-397

auch eine Lösung der Sorben von ihrem kulturellen Ursprung gewünscht und erzwungen. Die Namensnennung der Mädchen entscheidet über den Tod zweier Menschen. In der Realität wurde die sorbische Sprache unterdrückt und durch deutsche Wörter ersetzt. Durch die Namensnennung eines Sorben wurde dessen Nationalität erwiesen, was zu den meisten Zeiten eine gewisse Gefahr mit sich brachte, ebenso wie der Gebrauch der sorbischen Sprache, wenn diese von den Machthabern untersagt wurde. Die Macht des Wortes und der Sprache wird sowohl im Film als auch im realen Leben deutlich und kann über Tod und Leben bestimmen. Dieser Aspekt lässt erahnen, warum in Germanisierungsprozessen die sorbische Sprache und jegliches sorbische Schriftgut unterdrückt und vernichtet werden sollte.

1976 überarbeitete Jurij Brezan sein ursprüngliches Werk und nannte es diesmal *Krabat oder Die Verwandlung der Welt*[204]. In diesem Werk stellt er Krabat als einen sorbischen Faust dar, der durch Aneignung von Wissen und dem Streben nach der eigenen Menschlichkeit als Befreier des sorbischen Volkes dienen kann.[205] Brezan löst in seiner neuen Fassung den Menschen vom Glauben an Entwicklung und löst sich von der Behauptung seiner ersten Version, dass Wissen zu Macht verhelfe und somit auch vom cartesianischen Subjekt im Sinne Halls. Er fragt lieber nach dem Woher und Wohin[206], was dem Konzept des mentalen Raumes, welches auf den nachfolgenden Seiten 57 und 58 näher erläutert wird.

VI. Auswertung der fragebogengestützten Untersuchung.

Ziel dieses Abschnitts ist es, auf der Basis einer fragebogenunterstützten Untersuchung die Möglichkeiten und Grenzen des Fortbestehens der obersorbischen Sprache und Kultur zu reflektieren. Als Untersuchungsverfahren wurde ein standardisiertes, schriftliches Interviewverfahren in Form von Fragebögen[207] genutzt, die zu Teilen aus offenen beziehungsweise geschlossenen Fragen bestanden. Diese[208] bezogen sich auf folgende Kategorien: den familiären Hintergrund, das soziale Umfeld, die schulische Bildung, eigene Interessen und Vorlieben, aber auch

[204] Hervorhebung durch Verfasserin.
[205] Vgl. Marie-Luise Ehrhardt: Die Krabat-Sage. Quellenkundliche Untersuchung zu Überlieferung und Wirkung eines literarischen Stoffes aus der Lausitz. N.G. Elwert Verlag, Marburg, 1982, S. 68
[206] Ebd., S. 71
[207] Alle erhaltenen und in die Arbeit einbezogenen Fragebögen können jederzeit eingefordert und eingesehen werden.
[208] Eine Fassung des Fragebogens ist im Anhang beigefügt.

allgemeine, die Historie betreffende Fragen, die z.B. die DDR-Zeit und den Braunkohlebergbau in der Lausitz aufgreifen.

Da das Land Sachsen keine Genehmigung zu einer wissenschaftlichen Erhebung an Sorbischen Schulen in der Oberlausitz erteilt hat, werden nachfolgend die Ergebnisse einer ähnlichen Untersuchung von Ute Allkämper und Susanne Schatral aufgegriffen. Diese führten am Sorbischen Gymnasium in Bautzen eine Befragung von 15- bis 16-jährigen Schülern durch. Hierbei stellten sie ein auffälliges Problembewusstsein und eine starke Reflektiertheit fest.[209] Sprache galt für die Befragten als Identifikationsmuster für *deutsch*[210] oder *sorbisch*[211]. Sie sahen die Bilingualität als eine Kompetenz an, die gegenüber einsprachig erzogenen Kindern einen großen Vorteil birgt und zu einer gewissen Form von Selbstbewusstsein führt, welche sich vor allem auf das Auftreten in slawischen Ländern bezieht.[212] Nach Meinung der Schüler, erhält man als Deutscher eine negative Konnotation in slawischen Ländern. Bei der Präsentation als Sorbe im slawischen Ausland kann man jedoch mit positiven Reaktionen und Rückmeldungen rechnen und ist zusätzlich in der Lage, sich sprachlich gut zu verständigen. Negativ bestimmt ist die Tradition des Trachtentragens, da diese zu folkloristisch ist und das Tragen der Tracht eher auf einer erzwungenen als auf einer freiwilligen Ebene stattfindet, wohingegen die Geselligkeit und die Musikalität[213] positiv markiert werden.[214] Die Schüler berichten von einer starken Einflussnahme der Schulen im Sinne des Sich-Einsetzens für die sorbische Kultur, was einige in einen Zwiespalt zwischen der eigenen Lebensplanung, den schlechten wirtschaftlichen Gegebenheiten in der Lausitz und dem eigenen Eintreten für den Erhalt der Kultur und Sprache bringt. Dieser Zwiespalt wird in einigen Fällen als eine durch außen entstehende Drucksituation empfunden. Auf der anderen Seite

---

[209] Vgl. Ute Allkämper/Susanne Schatral: Schulzeit, in: Elka Tschernokoshewa/Marija Jurić Pahor (Hrsg.): Auf der Suche nach hybriden Lebensgeschichten. Theorie-Feldforschung-Praxis, Waxmann Verlag GmbH, Münster, 2005, S. 149
[210] Hervorhebung durch Verfasserin.
[211] Hervorhebung durch Verfasserin.
[212] Vgl. Ute Allkämper/Susanne Schatral: Schulzeit, in: Elka Tschernokoshewa/Marija Jurić Pahor (Hrsg.): Auf der Suche nach hybriden Lebensgeschichten. Theorie-Feldforschung-Praxis, Waxmann Verlag GmbH, Münster, 2005, S. 152
[213] Die ebenfalls sehr folkloristisch orientiert ist.
[214] Vgl. Ute Allkämper/Susanne Schatral: Schulzeit, in: Elka Tschernokoshewa/Marija Jurić Pahor (Hrsg.): Auf der Suche nach hybriden Lebensgeschichten. Theorie-Feldforschung-Praxis, Waxmann Verlag GmbH, Münster, 2005, S. 154 ff

wird die Region als ein sicheres Gefüge[215] verstanden, das man nicht verlassen möchte.[216] Die meisten Schüler bezeichnen die Sorben als sehr konservativ und meinen, dass Innovation oder Kritikausübung durch die älteren Bewohner unterbunden würden. Dieses wird damit begründet, dass jegliche Kritik auf Grund der geringen Anzahl der Sorben auch jeden beträfe. Auch wenn die katholische Kirche als essentiell für den Erhalt der sorbischen Sprache und Traditionen gesehen wird[217], wird sie auch negativ als eine erzkonservative und moralisierende Instanz angesehen. Für die obersorbischen Schüler erscheint der Erhalt der Kultur und Sprache teilweise als Belastung, die eine Entweder-Oder-Entscheidung erforderlich zu machen scheint.[218]

Wie bereits zu Anfang erwähnt, handelt es sich bei den Sorben um keine homogene Gruppe. Sie kontrastieren in Sprache, Religion und Erfahrungen. Diese Erfahrungen sollen unter anderem mit der Auswertung der 41 Fragebögen verdeutlicht werden. Ebenso wie bei der Analyse transnationaler türkischer Medien durch Kevin Robins, wird hier die Frage gestellt, wie bzw. ob man sich von der Mentalität und der imagined community nach Anderson[219] im Falle der Sorben lösen und befreien kann. Durch die Befragung verschiedener Menschen begibt man sich von der mythologischen Ebene zu einer soziologischen Ebene.[220]

---

[215] Das Verlassen wird höchstens für die Dauer eines Studiums/einer Ausbildung angedacht. Diese Dauer möchten die Befragten jedoch mit anderen Sorben in der Nähe durchlaufen und tendieren daher zu einem Studium/einer Ausbildung in Leipzig oder Dresden.

[216] Vgl. Ute Allkämper/Susanne Schatral: Schulzeit, in: Elka Tschernokoshewa/Marija Jurić Pahor (Hrsg.): Auf der Suche nach hybriden Lebensgeschichten. Theorie-Feldforschung-Praxis, Waxmann Verlag GmbH, Münster, 2005, S. 160 f

[217] Ebd., S. 165

[218] Ebd., S. 168

[219] Der Begriff der Nation wird durch Benedict Anderson als eine Gemeinschaft von Menschen betrachtet, die in gewisser Form gleich sind. Das Ziel einer Nation liegt in der eigenen Souveränität, Freiheit und der Abgrenzung von anderen Nationen. Der Maßstab hierfür ist der souveräne Staat. Für dieses Ziel, bzw. für ihre Nation sind einige Mitglieder sogar bereit, zu sterben. Nach Anderson ist eine Nation nicht real, sondern eine historische und kulturelle Projektion mit realen Folgen. In dieser Nation kennen die Mitglieder nicht jedes Mitglied; man stellt sich trotzdem als eine gemeinsame Gruppe, eine sogenannte imagined community vor. Durch dieses Nationbuilding entsteht eine allen Mitgliedern gleiche nationale Identität. Nachzulesen in: Benedict Anderson: Die Erfindung der Nation. Zur Karriere eines folgenreichen Konzepts, Campus Verlag GmbH, Frankfurt am Main, 2. Auflage, 2005, S. 15 ff

[220] Vgl. Kevin Robins: Beyond Imagined Community? Transnationale Medien und türkische MigrantInnen in Europa. In Brigitte Hipfl/Elisabeth Klaus/Uta Scheer (Hrsg.): Identitätsräume. Nation, Körper und Geschlecht in den Medien. Eine Topografie. transcript Verlag, Bielefeld, 2004, S. 115

Die Ergebnisse der geschlossenen Fragen werden nachfolgend bildhaft in Form von Diagrammen dargestellt, um das Resultat besser zu veranschaulichen und einen allgemeinen Überblick über die Befragten zu erhalten. Alle 41 Befragten sind Obersorben und sind bis auf eine Ausnahme in der Oberlausitz aufgewachsen. Sie stammen aus den folgenden Altersklassen:

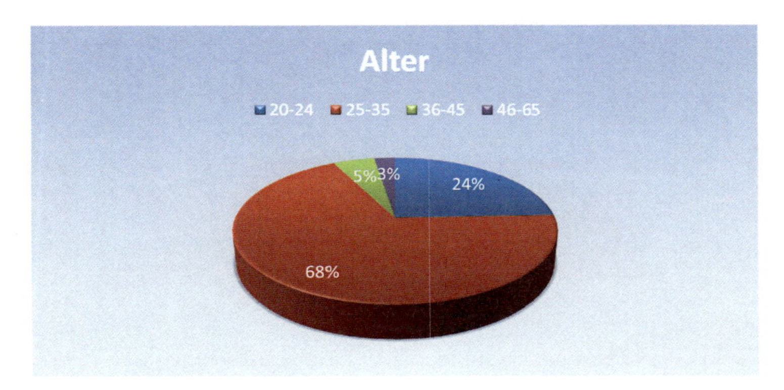

Die Geschlechter der Partizipanten teilen sich wie folgt auf:

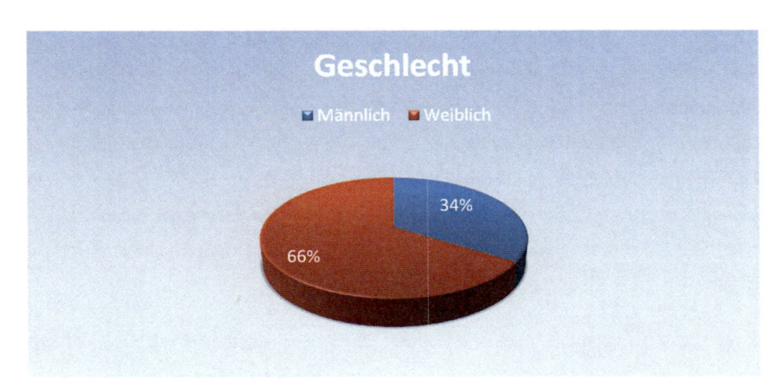

Der größte Teil gab als Konfession den katholischen Glauben an, der, wie bereits zuvor erwähnt, einen großen Beitrag zum Erhalt der sorbischen Kultur und Sprache beigetragen hat.

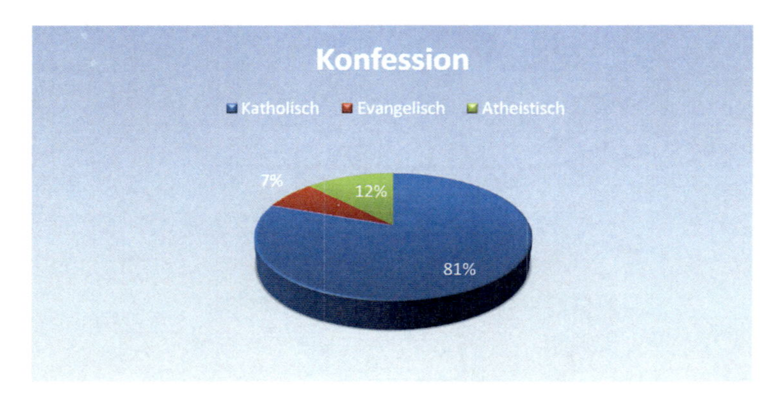

Bei der Auswertung wurde die heutige Bedeutung der Religion und der katholischen Kirche - so wie auch zuvor bei den obersorbischen Schülern des Gymnasiums in Bautzen - immer wieder akzentuiert. Leŏs Šatava hat in einer Untersuchung festgestellt, dass die obersorbischen evangelischen Jugendlichen sich von den katholischen obersorbischen Jugendlichen unterscheiden und auf Grund ihres geringeren ethnischen Bewusstseins und sorbischen Sprachvermögens eher den niedersorbischen Jugendlichen ähneln. Ebenso hat er festgestellt, dass nur ein Drittel der sorbischen katholischen Jugendlichen sich selbst als 100%ige Sorben sehen. Sie betrachten sich selbst als sowohl deutsch wie auch sorbisch. Šatava hat jedoch auch festgestellt, dass sich diese Distanz von der Andersartigkeit ab dem 20. Lebensjahr wieder ins Gegenteil verkehren kann.[221]

Die Auswertung der für diese Arbeit erstellten Fragebögen ergab bei den fünf atheistisch und drei evangelisch erzogenen Personen ähnliche Merkmale. Alle Befragten empfanden sich selbst sowohl als Sorben als auch als Deutsche. Bei fünf von ihnen wurde im Elternhaus ausschließlich deutsch gesprochen und bei den restlichen drei sprachen die Eltern sorbisch und deutsch mit ihren Kindern.

---

[221] Vgl. Madlena Norberg: Sind die sorbische/wendische Sprache und Identität noch zu retten? In: Madlena Norberg/Peter Kosta (Hrsg.): Potsdamer Beiträge zur Sorabistik. Sammelband zur sorbischen/wendischen Kultur und Identität, Universitätsverlag Potsdam, 2008, S. 14 f

Die Rolle der Kirche vor allem hinsichtlich der unterschiedlichen Entwicklung zwischen der Ober- und Niederlausitz, aber auch zwischen Katholiken und Protestanten, wird durch Werner Meschkank veranschaulicht, der berichtet, dass nach dem zweiten Weltkrieg die Kirche in der Niederlausitz sich nicht für die Sorben einsetzte, im Gegensatz zu der Kirche[222] in der Oberlausitz. Die Wenden in der Niederlausitz wurden weiterhin als Nationalisten diskriminiert und mussten fortlaufend auch noch mit Repressalien rechnen. Ihnen wurde von Mitbürgern vorgeworfen, dass sie keinen Wert auf die eigene Kultur legen würden, wobei mit der eigenen Kultur die deutsche und nicht die sorbische gemeint war. Die katholische Kirche widersetzte sich dem Regime der Entkirchlichung zu den Zeiten der DDR und der geforderten Distanzierung vom Glauben.[223]

Auch wenn über die Hälfte der Partizipanten zum Zeitpunkt der Befragung angaben, außerhalb der Lausitz zu wohnen, lebten die meisten in nahegelegenen Städten, wie zum Beispiel Dresden und Leipzig, in denen die Sorben sich untereinander organisieren, um auch dort den Zugang zum sorbischen Leben und zur sorbischen Sprache nicht zu verlieren. Dieses Ergebnis stimmt mit den Vorstellungen und Äußerungen der befragten Schüler des Sorbischen Gymnasiums in Bautzen überein. Erstaunlicherweise gibt es aber auch Teilnehmer, die in anderen Bundesländern, weit entfernt von der Lausitz wohnen und auch dort öffentliche Veranstaltungen, wie zum Beispiel sorbische Stammtische, regelmäßig besuchen. Diese Personengruppe löst sich von dem territorialen Bezug der Heimat und erfindet in einem Bereich außerhalb des sicheren Gefildes eine eigene Tradition, die der Verantwortung des Traditions- und Spracherhalts gerecht wird. Sie schaffen dort einen neuen Mikrokosmos, der sprachlich codiert wird.

---

[222] Vor allem die katholische Kirche.

[223] Vgl. Werner Meschkank: Vom Verhältnis der Kirche, in: Madlena Norberg/Peter Kosta (Hrsg.): Potsdamer Beiträge zur Sorabistik. Sammelband zur sorbischen/wendischen Kultur und Identität, Universitätsverlag Potsdam, 2008, S. 116 ff

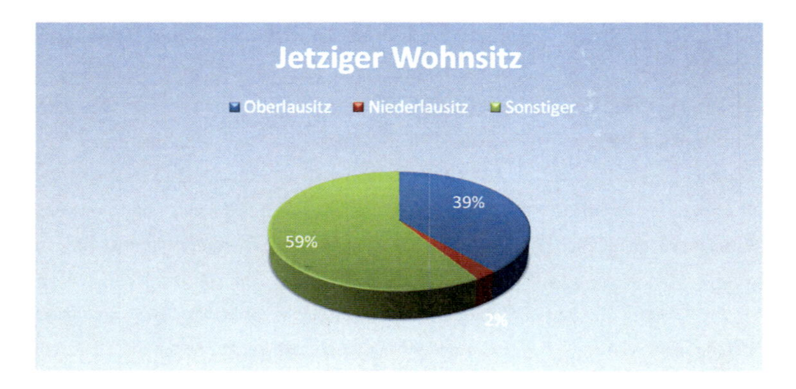

Als Gründe für den Wegzug aus der Lausitz wurden ein Studium, die Berufsausbildung und in wenigen Fällen auch der Beruf[224] angegeben. Bei Studierenden, deren Studienplatz sich in der Nähe des Heimatortes befindet, wird fast jedes Wochenende die Heimat wieder aufgesucht. Die meisten empfinden darüber hinaus den festen Wunsch, nach dem Studium oder der Ausbildung wieder komplett in die Oberlausitz zurückzukehren, da ihre Familie, ihr Freundeskreis und das sorbische Umfeld einen hohen Stellenwert in ihrem Leben einnehmen. Diejenigen, die ihre Herkunftsregion nicht verlassen haben, gaben hierfür ähnliche Gründe an. Sie definieren die Umgebung der Lausitz als ihre Heimat und ihre Wurzeln, die mit der sorbischen kulturellen Tradition und Sprache ihren Lebensmittelpunkt definieren. Andere wiederum möchten selbst etwas für den Erhalt der Sprache und Kultur tun und setzen sich dafür in beruflicher und privater Hinsicht ein[225]. Wie lassen sich dieser territoriale Bezug zur Lausitz und das Interesse an der Rückkehr dorthin erklären?

VI. 1. Die Diaspora

Obwohl die Sorben die Lausitz noch vor den Deutschen besiedelt haben, waren sie nie autonom. Die Lausitz ist nie ihr eigenes Land gewesen und selbst zu Zeiten einer territorialen Mehrheitsbildung mussten sie die Position einer Minderheit einnehmen. Somit sind sie in der Lausitz bis zum heutigen Tage immer in einer Art Diaspora geblieben, die im Sinne Ruth Mayers einen mythischem Hintergrund und eine identitätsstiftende Grundlage besitzt. Diese Diaspora ist jedoch keine wandernde, aus

[224] Angestrebt wird in den meisten Fällen ein Beruf im sorbischen Umfeld und somit in der Region der Oberlausitz.

[225] Hierbei spielt die eigene Verantwortung gegenüber dem Erhalt der Kultur und Sprache, die bereits in den Schulen gefördert und gefordert wurde, eine große Rolle.

einem anderen Land stammende Personengruppe, sondern eine territorial fest situierte Gemeinschaft, die sich auf einen gemeinsamen Ursprung bezieht und das gemeinsame Ziel der Sprach- und Kulturerhaltung besitzt.[226] Die Lausitz dient als ein Raum-Raum-Zeitgefüge für eine nationale Kultur, welches sich kaum verändert, größtenteils bestehen bleibt und somit als ein Schutzterritorium für die eigene Sicherheit dient. Diese Sicherheit verliert sich zu Teilen außerhalb dieses Territoriums. Um diesem Verlust entgegen zu steuern, prägt sich ein Wunsch nach Rückkehr aus, der den eigenen Beitrag zum Erhalt der sorbischen Kultur impliziert.[227]

Um mehr über den familiären Hintergrund zu erfahren, war es wichtig zu klären, welche Elternteile sorbisch waren. Der Hauptteil der Befragten gab an, dass beide Eltern sorbische Wurzeln besaßen.

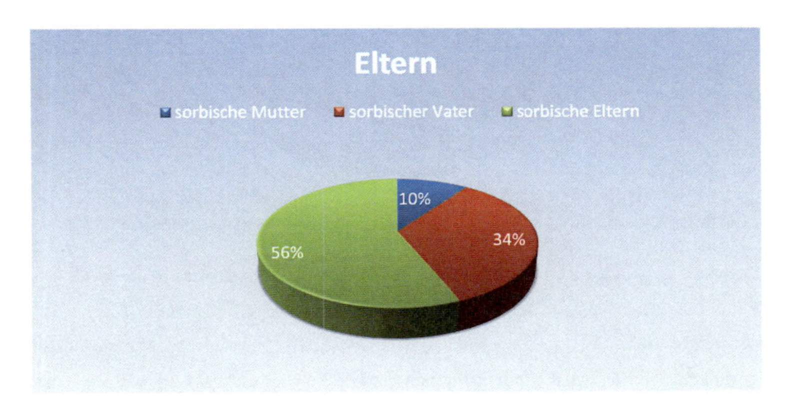

Bei den Befragungen war ein interessantes Beispiel zu vermerken[228]; so nahm eine Person an der Befragung teil, die weder sorbische Wurzeln besitzt, noch eine sorbische oder bilinguale Schule besucht hat. Dennoch empfindet der Befragte sich selbst als sorbisch, spricht die sorbische Sprache und geht den sorbischen Traditionen im alltäglichen Leben nach. Dieser besondere Fall ist ein Beispiel für eine wechselseitige Hybridität, die allein durch das Interesse an der sorbischen Kultur und Sprache zur Identifikation und Selbst-Präsentation als Sorbe geführt hat.

---

[226] Vgl. Ruth Mayer: Diaspora. Eine kritische Begriffsbestimmung, transcript Verlag, Bielefeld, 2005, S. 13

[227] Vgl. Stuart Hall: Kulturelle Identität und Globalisierung, in: Karl H. Hörning/Rainer Winter (Hrsg.): Widerspenstige Kulturen. Cultural Studies als Herausforderung, Suhrkamp Verlag, Frankfurt am Main, 1999, S. 427

[228] Da es sich bei dem Teilnehmer um einen Deutschen handelt, der aus der Niederlausitz stammt, habe ich ihn nicht in meine Auswertung mit aufgenommen.

Obwohl nur 56 % der Familien aus zwei sorbischen Elternteilen bestehen, gab es bei der Auswertung der gesprochenen Sprachen im Elternhaus ein erstaunliches Ergebnis: 63 % der Partizipanten gaben an, dass im Familienkreis trotz eines deutschen Elternteiles ausschließlich sorbisch gesprochen wurde. Auch dieses Ergebnis bestätigt das oben genannte Beispiel. So scheint bei einigen deutschen Partnern eine vollständige Sprachidentifikation stattzufinden, die sie veranlasst, die eigene deutsche Muttersprache nicht mit den Kindern zu sprechen.

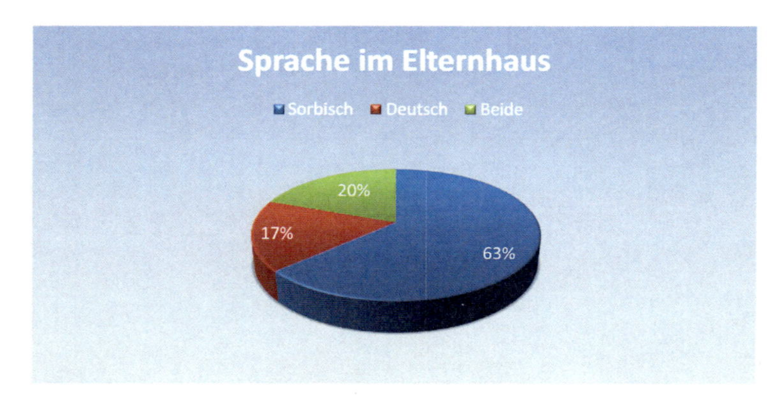

Dennoch empfinden sich nur 51 % der Befragten als Sorben, obwohl in 63 % der Familien ausschließlich sorbisch gesprochen wurde/wird. Nur ein Teilnehmer bezeichnet sich selbst als Deutscher, obwohl im Elternhaus ausschließlich sorbisch gesprochen wurde, der Freundeskreis zum größten Teil sorbisch geprägt war und eine bilinguale Schule besucht wurde.

VI. 2. Der dritte Raum, Hybridität und Transkulturalität

Die, die sich sowohl als sorbisch, wie auch als deutsch empfinden, zeugen von einer hybriden Identität im Sinne Bhabhas. Diese definiert einen dritten Raum, der entsteht, wenn zwei Nationen in einem Land[229] aufeinandertreffen.[230] Hier prägt sich ein Zwischenraum zwischen den beiden Parteien aus, den es zu überwinden gilt, wobei die Angst und Neugier als zentrale Faktoren zur Aufrechterhaltung des Zwischenraumes dienen:[231] *„Kulturelle Grenz-Arbeit verlangt nach einer Begegnung mit der „Neuheit", [...]."*[232]

Bhabha bezieht sich auf das architektonische Beispiel der Künstlerin Renée Green. In diesem gilt das Treppenhaus eines Gebäudes als Ort der Begegnung der unteren und oberen Räume und verschiedener festen Identifikationen. Zugleich kann in dem dritten Raum eine Form von kultureller Hybridität entstehen.[233]

In diesem dritten Raum existieren ineinander verschmolzene oder vermischte Zeichen und Codes beider Kulturen, die sozial und kulturell bestimmt sind, so dass der Raum weder vollständig der einen noch der anderen Kultur/Nation zugeordnet werden kann. Beide Kulturen stehen auf Grund von Durchdringung in einem Wechselverhältnis zueinander und können diesen Raum im optimalen Fall durch gegenseitige Anerkennung und Vermischung von Wesensmerkmalen gemeinschaftlich bewohnen.[234] Ein ähnliches Modell ist die Definierung von Transkulturalität nach Wolfgang Welsch. Dieser kritisiert die ursprüngliche Aussage Herders, der die Völker als in sich geschlossene Entitäten betrachtete. Welsch spricht in seinem Konzept der Transkulturalität von einem stetigen Austausch und Durchdringen der verschiedenen Kulturen. Nur wenn der Mensch die innere Fremdheit anerkennt, kann er auch die äußere Fremdheit akzeptieren. Dieses impliziert jedoch auch, dass es kein striktes

---

[229] Im Falle der Sorben kann der Ort des Aufeinandertreffens auf die Region der Lausitz bezogen werden.

[230] Im ursprünglichen Sinn wurde der Begriff von Bhabha auf ein kolonisiertes Land bezogen und die Hybridität zwischen Kolonisierten und Kolonisierenden untersucht.

[231] Vgl. Ansgar Nünning (Hrsg.): Metzler Lexikon Literatur- und Kulturtheorie, J. B. Metzler Verlag, Stuttgart, 2004, S. 61 f

[232] Homi K. Bhabha: Verortungen der Kultur, in: Elisabeth Bronfen/Benjamin Marius/Therese Steffen (Hrsg.): Hybride Kulturen. Beiträge zur anglo-amerikanischen Multikulturalismusdebatte, Stauffenberg Verlag, o. O., o. J., S. 132

[233] Ebd., S. 125 ff

[234] Vgl. Ruth Mayer: Diaspora. Eine kritische Begriffsbestimmung, transcript Verlag, Bielefeld, 2005, S. 109

Eigenes und Fremdes mehr gibt, so dass vorhandene kulturelle Grenzen durchbrochen und ein konfliktfreies Zusammenleben ermöglicht werden kann.[235]

VI. 3. Bilingualität in Erziehung und sozialem Umfeld

Nur ein geringer Teil der Befragten hat in der Kindheit deutsche Schulen besucht.

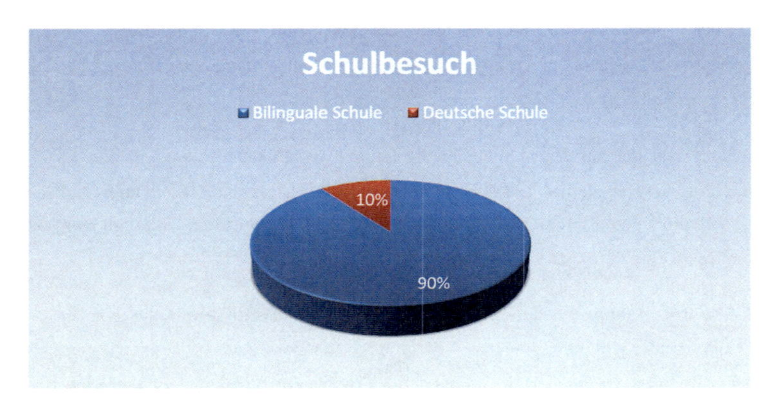

Zwei der Befragten gaben an, dass sie nicht gerne Sorbisch gelernt haben. Einer der beiden Teilnehmer hat als Kind und Jugendlicher nur deutsche Schulen besucht, empfindet sich aber dennoch als Sorbe. Da dieser Person die sorbische Sprache nicht in der Schule vermittelt worden ist, kann die Antwort damit erklärt werden, dass es schwieriger war, die sorbische Sprache zu beherrschen und ein starkes Hin- und Herspringen zwischen der sorbischen familiären Welt und der deutschen Schulwelt erforderlich war. Der zweite Befragte empfindet sich selbst sowohl als Deutscher als auch als Sorbe und hat in seiner Jugend und Kindheit bilinguale Schulen besucht. Seine Aussage kann eventuell damit erklärt werden, dass sein Freundeskreis aus einem hauptsächlich deutschen Umfeld gebildet wurde.

An diesen beiden Ausnahmefällen wird die Divergenz der zwei Welten deutlich. So wird in der Moderne die Subjekthaftigkeit nicht mehr durch den Staat und Sanktionen aufoktroyiert und bestimmt, sondern muss durch jeden Menschen selbst erarbeitet werden. Für Menschen mit bikulturellem Hintergrund ist dies ein schwieriger Prozess, da zwei verschiedene Rollenerwartungen auf sie einwirken. Dieser Akt findet in Form

[235] Vgl. Institut für Auslandsbeziehungen e. V., Wolfgang Welsch: Kulturverständnis, URL: < http://www.ifa.de/pub/kulturaustausch/archiv/zfk-2002/der-dialog-mit-dem-islam/welsch/> [Stand: 14.03.10]

einer Spiegelung statt und kann zu einem Konflikt zwischen der Selbst- und Fremdsicht, aber auch zu persönlicher und sozialer Identität, wie bei den beiden Beispielen, führen.[236]

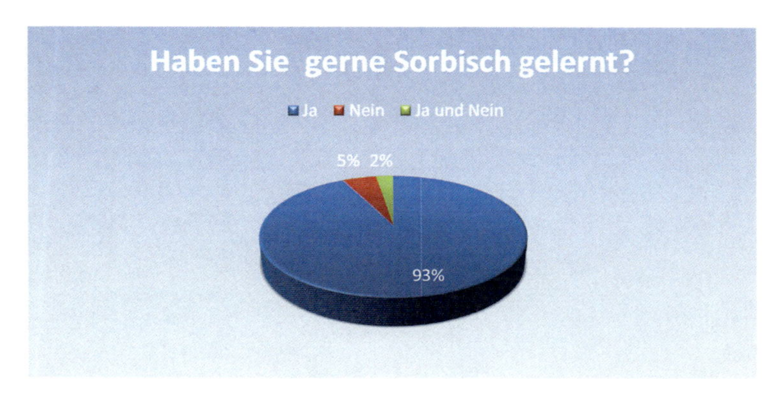

Der familiäre Hintergrund des Freundeskreises durchleuchtet das überwiegend sorbische Umfeld.

Zu der Frage, in welcher Sprache die Befragten ihre Kinder erziehen bzw. erziehen möchten, hat nur eine Person mit „deutsch"[237] geantwortet. Diese Person ist selbst in einem deutschsprachigen Elternhaus aufgewachsen, hat aber eine bilinguale Schule besucht und hält die Weitergabe der Sprache und Tradition eigentlich für wichtig.

---

[236] Vgl. Volker Ladenthin/Gabriele Schulp-Hirsch: Identitätsprobleme-Pädagogische Schwierigkeiten mit einem Begriff. In: Verband der Pädagogiklehrer und Pädagogiklehrerinnen (Hrsg.): Pädagogik UNTERRICHT, Heft 4, Dezember 2009, Wesel, S. 4 ff

[237] Hervorhebung durch Verfasserin.

Dass die Sprache dennoch im familiären Kreis nicht an die Kinder weitergegeben wird, ist höchstwahrscheinlich mit dem eigenen familiären Hintergrund und dem deutschen Partner an der Seite der befragten Person zu erklären.

Als Hauptgründe für die Erziehung der Kinder in der sorbischen Sprache und der Weitergabe sorbischer Traditionen und Bräuche nannten die Teilnehmer die Vermittlung der eigenen Kultur, Tradition und Sprache und dadurch auch deren Erhalt. Ein wesentlicher Teil der eigenen Identität soll weitergegeben werden auf Grund der eigenen Urverbundenheit mit der sorbischen Sprache und Kultur und aus Verantwortungsgefühl und Dank gegenüber den Vorfahren, die die Sprache und die Traditionen über Jahrhunderte bewahrt und weitergetragen haben. Die Selbstverständlichkeit wird artikuliert in einem Zitat von Wolfgang[238], der schreibt: „Das gehört einfach dazu, […].“oder eines anderen Befragten, der meint, dass es einfach nur Dummheit wäre, wenn man sein Kind nicht in der sorbischen Sprache erziehen würde.

Aber nicht nur der sorbische Hintergrund wird hierbei beachtet, sondern auch der persönliche Nutzen für das Kind. So vertreten viele Befragte die Meinung, dass die Bilingualität den Kindern einen leichteren Zugang zum Lernen weiterer Fremdsprachen ermögliche, ihre kognitive Entwicklung positiv beeinflusse und den Kindern eine andere Möglichkeit von Bereicherung, Freiheit und Horizonterweiterung zugestehe, in der vor allem die Offenheit und Toleranz gegenüber anderen Kulturen geprägt würde. Ein Teil meint, dass man mit Kindern im familiären Bereich nur

[238] Name wurde aus Datenschutzgründen geändert und ist frei erfunden.

sorbisch reden sollte, da sie die deutsche Sprache sowieso im Bereich außerhalb der Familie lernen würden. Ein anderer Teil wiederum legt Wert auf die bilinguale Erziehung im familiären Rahmen, da die Kinder sich auch in der deutschen Umgebung gut und sicher unterhalten sollen.

Die Vorstellung, dass mehrere Individuen eine Gemeinschaft bilden, wird durch Erinnerungen, den Wunsch nach Zusammenleben und die Weitergabe des Erbes geprägt. Dieses Fortsetzen des Ererbten wird auch in der sprachlichen Erziehung realisiert, indem die sorbischsprachige Erziehung der Kinder auch aus Respekt gegenüber den Vorfahren und dem Wunsch nach Weitergabe der eigenen Muttersprache vorgenommen wird.

VI. 4. Mentale Räume

Das Konzept von Robins kann an dieser Stelle zur Veranschaulichung der heutigen Situation der Sorben in der Oberlausitz bzw. der bilingualen Erziehung dienen. Robins kritisiert den Begriff der Identität, da dieser als ein Konzept und Mittel einer fiktiven Einheit diene und nur eine Festlegung und Zuschreibung für das Individuum und zugleich auch für das Kollektiv schaffe.[239] Neben dem Konzept der Identität der fiktiven Einheit müssen somit Konzepte des empirischen Menschen existieren. Diese sind aufgebaut auf der Erfahrung der Menschen und der Fähigkeit, diese Erfahrung zu reflektieren. Die Betrachtung liegt somit in der Gestaltung und dem Umgang des Menschen mit seinen Erfahrungen und seiner Kultur, wie sie auch in den Fragebögen thematisiert wurden.[240]

Das Konzept des mentalen Raumes von Robert Young beschreibt den Prozess, bei dem die Menschen sich durch ihre Kultur bewegen und anhand von Denkprozessen Kultur erfahrbar machen, um sich auf diesem Wege auch als ein Teil dieser Kultur zu fühlen. Im Gegensatz zu dem Identitätsraum existiert im mentalen Raum weder Stagnation noch Fixierung. Es handelt sich um einen sich stets bewegenden Prozess, innerhalb dessen innere Denkprozesse und die äußere Realität aufeinander treffen und zu Erfahrungen führen. Der Mensch kann über verschiedene mentale Räume verfügen,

---

[239] Vgl. Kevin Robins: Beyond Imagined Community? Transnationale Medien und türkische MigrantInnen in Europa. In Brigitte Hipfl/Elisabeth Klaus/Uta Scheer (Hrsg.): Identitätsräume. Nation, Körper und Geschlecht in den Medien. Eine Topografie. transcript Verlag, Bielefeld, 2004, S. 124
[240] Ebd., S. 125

die sich emotional und intellektuell stets weiterentwickeln.[241] Ein in der Lausitz aufgewachsener Sorbe kann sich somit durch unterschiedliche Räume bewegen, wie zum Beispiel einen sorbischen, einen deutschen oder/und einen slawischen[242]. Der Besuch einer sorbischen Schule kann durch die Eltern bestimmt werden, selbst wenn das Kind dieser speziellen Schulform desinteressiert entgegentritt. In diesem Raum der Schule besteht auch weiterhin die Option, dass das Kind sich als deutsch und nicht als sorbisch empfindet[243]. Durch die Schule hat das Kind jedoch die Möglichkeit, sich zwischen zwei mentalen Räumen zu bewegen und dadurch einen Zugang zu einer anderen, eventuell neuen oder hybriden Kultur zu erhalten, die sich außerhalb des familiären Kreises bewegen oder auch dorthin zurückführen kann. Robins vertritt ebenso wie der Hauptteil der Befragten die Meinung, dass Bilingualität wichtig sei, um mehr Mobilität in den kulturellen Erfahrungen zu erhalten. Diese Mobilität impliziert auch zugleich das Durchschreiten mehrerer mentaler Räume. Laut Pontalis kann nur diese Mobilität den Menschen zu einem wirklich freien Menschen machen. Seiner Meinung nach ist die soziale Ordnung der imagined community eine erfundene Konvention.[244]

VI. 5. Traditionen und Freizeitgestaltung für eine nationale Kultur

Zu den beliebtesten Bräuchen, die die Befragten selbst ausführen und an ihre Kinder weitergeben möchten, zählen die Vogelhochzeit und die Osterbräuche[245]. Einige gaben an, dass sie das Tragen von Trachten zu festlichen Anlässen als eine schöne Tradition empfinden, die sie auch an ihre Kinder weitergeben möchten. Augenscheinlich wird des Weiteren, welche große Rolle die Kirche und kirchliche Bräuche spielen. Aber auch das Singen und Vorlesen sorbischer Sagen und Geschichten scheinen als Tradition eine entscheidende Rolle zu spielen. Dass die sorbischen Gebräuche eine höhere Akzeptanz und Wichtigkeit erfahren als die deutschen, wird daran ersichtlich, dass nur 12 % der Befragten sowohl deutsche als auch sorbische Bräuche an ihre Kinder weitergeben möchten.

---

[241] Ebd., S. 126

[242] Die slawische Mentalität wurde von einigen Befragten als ein typisches Charakteristikum der Sorben beschrieben.

[243] Die Möglichkeit zu einem umgekehrten Prozess besteht natürlich ebenso.

[244] Vgl. Kevin Robins: Beyond Imagined Community? Transnationale Medien und türkische MigrantInnen in Europa. In Brigitte Hipfl/Elisabeth Klaus/Uta Scheer (Hrsg.): Identitätsräume. Nation, Körper und Geschlecht in den Medien. Eine Topografie. transcript Verlag, Bielefeld, 2004, S. 129

[245] Hierzu zählen die Osterreiterprozession, das Ostereiermalen und –verzieren mit Kratz- und Wachstechnik, das Osterwasserschöpfen und das Osterfeuer.

Aus der Weitergabe von Sprache und Tradition entsteht das Gefühl, eine Nationalkultur zu sein. Die nationale Identität ist somit ein Konglomerat aus der Mitgliedschaft in einer nationalen und politischen Gemeinschaft und der Identifikation mit dieser, was beispielsweise mit der Mitgliedschaft in sorbischen Vereinen und der Ausübung traditioneller Riten markiert wird. Trotz Differenzen hinsichtlich des Geschlechts oder des sozialen Status oder gerade deshalb wird eine kulturelle Identität geschaffen, so dass alle vereint eine Gemeinschaft bilden können.

Die Geschlechterrolle der sorbischen Frau lag in der Zeit der Industrialisierung und damit einhergehenden Germanisierung der sorbischen Männer in der sorbischen Erziehung und der Weitergabe von Traditionen. Nach Auswertung der Fragebögen sehen sich jedoch heutzutage nicht nur die Frauen, sondern auch die Männer in dieser Rolle. Die Frau kann jedoch das *Sorbisch-Sein*[246] nach außen hin durch das Tragen der Tracht darstellen, gegebenenfalls auch im täglichen Gebrauch.

39 % der Befragten gaben an, dass ihr Partner/ihre Partnerin Sorbe/Sorbin ist, bzw. es wichtig sei, dass der Partner/die Partnerin auch sorbische Wurzeln besitze. Als Hauptgrund hierfür wird das Verständnis füreinander hervorgehoben. So äußert Sarah[247], dass die Sorben „ein Völkchen für sich" seien und es deshalb mit einem sorbischen Partner einfacher wäre. Auch im Verwandtschaftskreis würden so Sprachhindernisse unterbunden und unnötige Rücksichtnahme verhindert. Neben der leichteren Lebensgestaltung besteht bei einem sorbischen Partner laut Aussagen und Erfahrungswerten der Teilnehmer eine gemeinsame kulturelle Grundlage, die die

---

[246] Hervorhebung durch Verfasserin.
[247] Name wurde aus Datenschutzgründen geändert und ist frei erfunden.

Kindererziehung, die Traditionsweitergabe und Ausübung sorbischer Bräuche leichter ermöglichen. Einer der Befragten war bereits mit einer Nicht-Sorbin in einer Beziehung, was sich jedoch als kulturell und sprachlich schwierig erwiesen hat, als es darum ging, eine Familie zu gründen.

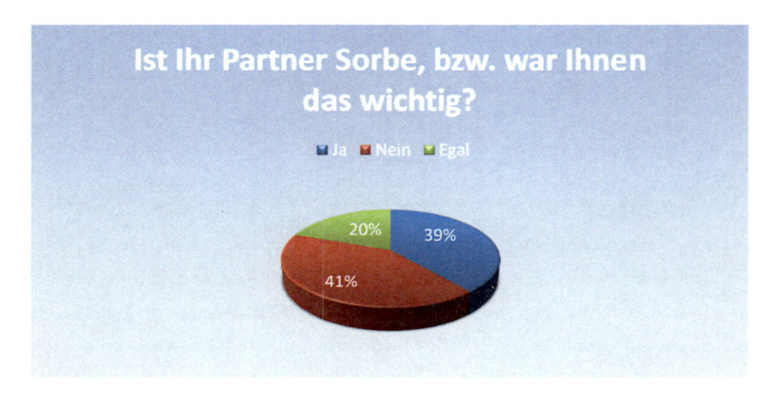

Den Befragten ist es wichtig, im Alltagsleben auch weiterhin in ihrer Muttersprache zu sprechen. Sollte der Partner nun doch kein Sorbe sein, ist eine Bedingung jedoch, dass dieser dem Sorbischen gegenüber aufgeschlossen ist. Monika[248] nennt einen ganz anderen Grund für ihre Prioritätensetzung; sie selbst beherrscht die sorbische Sprache nicht so gut und wünscht sich deshalb für ihre Kinder wenigstens ein perfekt sorbischsprachiges Elternteil.

Die nachfolgenden Diagramme erläutern das Aufkommen und die Nutzung der sorbischen Sprache und Angebote im öffentlichen Leben und sind selbst erklärend. Sie stehen zum größten Teil in Abhängigkeit zu dem derzeitigen Wohnort der Befragten und dem dortigen Aufkommen an sorbischen Angeboten, bzw. Möglichkeiten des sorbischen Sprachaustausches. So gaben die in der Oberlausitz ansässigen Sorben einen starken Gebrauch der sorbischen Sprache im öffentlichen Leben an.

[248] Name wurde aus Datenschutzgründen geändert und ist frei erfunden.

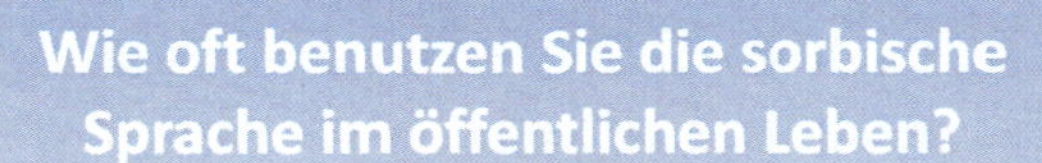
Wie oft benutzen Sie die sorbische
Sprache im öffentlichen Leben?

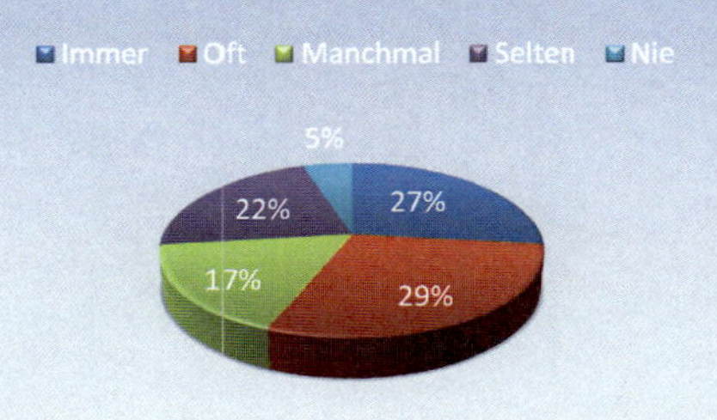
Immer
Oft
Manchmal
Selten
Nie
5%
27%
22%
17%
29%

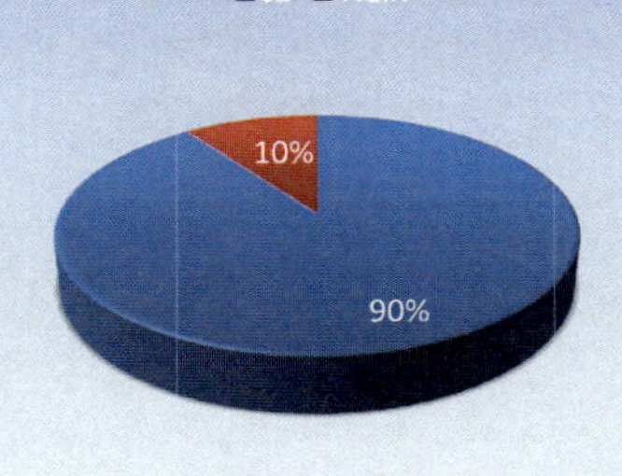
Lesen Sie sorbische Zeitungen/Bücher?
Ja
Nein
10%
90%

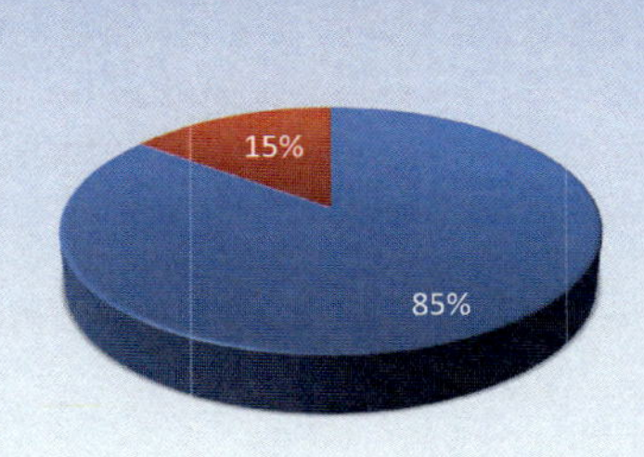
Hören Sie sorbisches Radio?
Ja
Nein
15%
85%

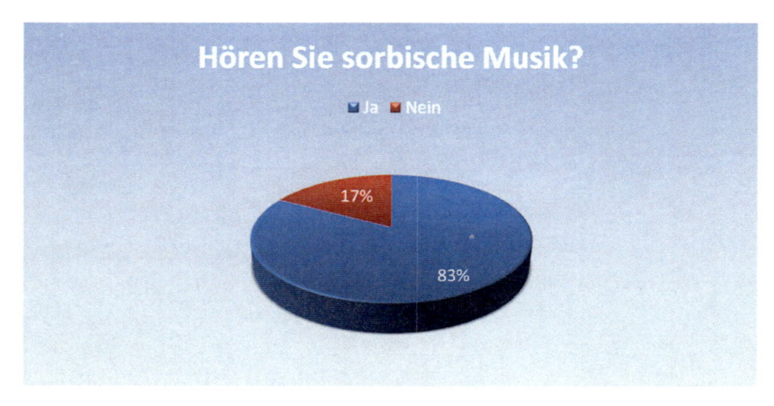

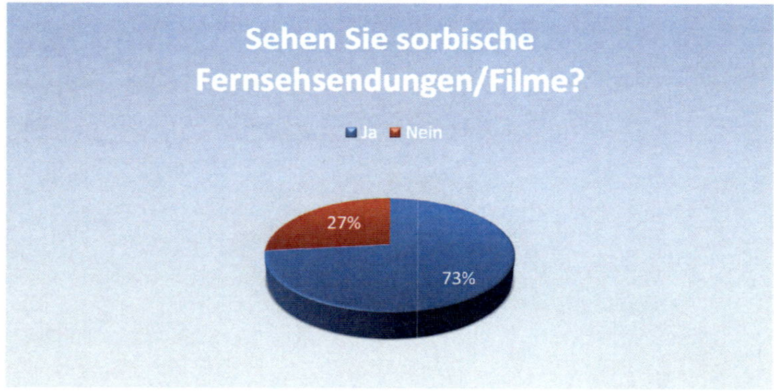

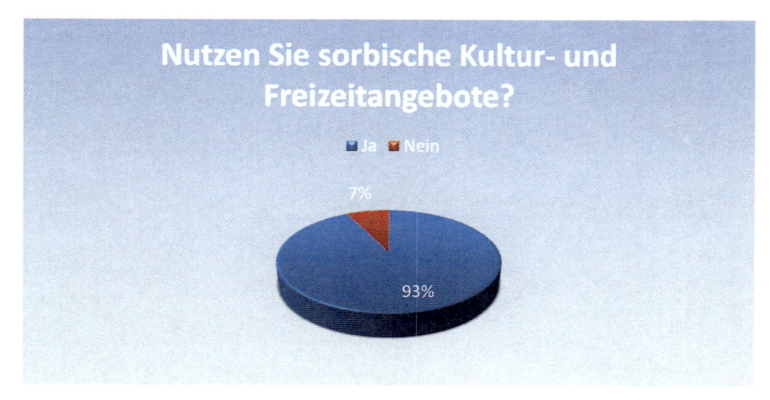

Die vorangegangenen Diagramme markieren ein hohes Nutzungsaufkommen sorbischer Angebote. Dennoch wird kritisiert, dass es davon zu wenig gibt, vor allem was die Bereiche Rundfunk, Fernsehen und Filme betrifft. Die kulturellen Angebote erfreuen sich einer großen Beliebtheit. Hervorstechend hierbei sind die Besuche und die eigene Teilnahme an Konzerten, Chorauftritten, Theater- und Tanzaufführungen. Aber auch Lesungen, Vorträge und Ausstellungen werden gerne besucht.

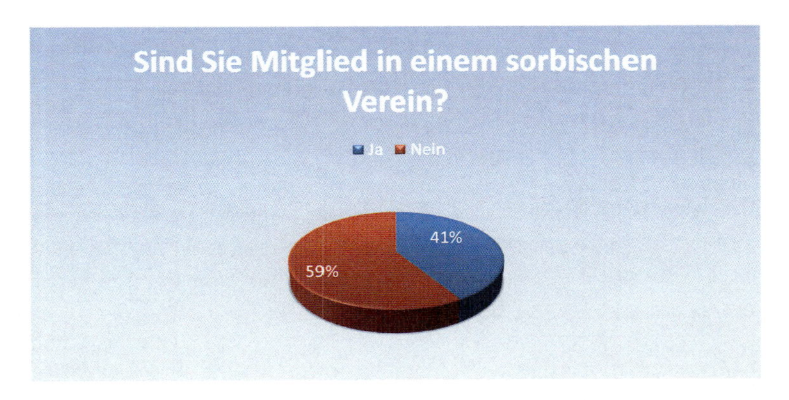

Die Mitgliedschaften in sorbischen Vereinen zeichnen ein ähnliches, vor allem an Musikkultur orientiertes Bild ab, das geprägt ist durch Chöre, Tanz- und Folkloregruppen, durch die Kultur erlebt und gezeigt wird. Ein großer Teil der Befragten ist Mitglied im PAWK[249] und drei der Partizipanten in der sorbischen Dachvereinigung Domowina.

VI. 6. Die Nationalkultur

Die sorbische nationale Kultur ist ein System, das aus den oben genannten kulturellen Institutionen, der Vergangenheit und Gegenwart entsteht. Alle Faktoren beeinflussen das Handeln eines jeden Sorben. Hierbei entstehen vorgestellte Repräsentationen, die laut Hall zu Identifikationen führen und durch ähnliche Argumentationen zum Vorschein kommen. Diese nationale Kultur und Identitätsbildung entstehen durch Erzählungen, die durch Menschen oder Medien weitergetragen werden[250] und führen somit zu einer vorgestellten Gemeinschaft. Das zweite Element einer nationalen Kultur befasst sich mit den Traditionen und den Ursprüngen der Nation.

[249] Der PAWK ist ein Verein, der sorbische Jugendliche Regionen-übergreifend (wie in einem Spinnen-Netzwerk; Pawk ist das sorbische Wort für Spinne) organisiert und diese mit Projekten zu mehr Selbstbewusstsein im Leben der sorbischen Kultur und im Sprechen der sorbischen Sprache animieren möchte. Für mehr Informationen: http://www.pawk.de/pawk/

[250] Wie zum Beispiel die Erzählung Krabats, die Weitergabe der Historie, der Unterdrückung und des nationalen Schicksales der Sorben.

Die dritte Richtung ist die Erfindung der Tradition, welche Traditionen als alt darstellt[251], um so gewisse Normen und Rituale zu vermitteln. Als viertes Element nennt Hall den Gründungsmythos, der nicht real nachzuweisen ist und somit einen eher mythischen Ursprung beinhaltet. Der fünfte Aspekt ist die Idee eines ursprünglichen und reinen Volkes, die in der nationalen Identität enthalten ist. Dieses Element ist jedoch auf die Anfänge der Besiedlung nicht anzuwenden, da es dort die Sorben als ein Volk nicht gegeben hat, sondern die Besiedlung durch verschiedene slawische Stämme stattgefunden hat, die erst später unter dem Begriff der Sorben vereinheitlicht und zusammengefasst wurden.

Die Nationalkultur besteht oft aus einem Zwiespalt zwischen Vergangenheit und Moderne. So wird in gewissen Zeiten des Vergangenen und Traditionellen gedacht und sich der Moderne entzogen, wie zum Beispiel bei der Durchführung sorbischer Bräuche und dem Tragen der Tracht zu festlichen Anlässen.[252]

Inwieweit die Tracht noch eine alltägliche Rolle bei den Befragten und deren Familien spielt, wird durch das folgende Diagramm illustriert. Auch wenn 41 % der Befragten angegeben haben, dass es in ihrer Familie jemanden gibt, der im alltäglichen Gebrauch die Tracht trägt, handelt es sich hierbei doch ausschließlich um die Großmutter oder vereinzelt eine Tante. Diese Tradition des alltäglichen Trachtentragens scheint somit tatsächlich mit den älteren Generationen auszusterben und geht auf die zuvor genannten Aussagen der Schüler zurück, die das Trachtentragen als erzwungene und folkloristische Tradition begreifen.[253]

---

[251] Vergleiche hierzu auch das vorangegangene Kapitel über die Traditionen und Bräuche, die zumeist einen mythischen Hintergrund und Ursprung haben.

[252] Vgl. Stuart Hall: Kulturelle Identität und Globalisierung, in: Karl H. Hörning/Rainer Winter (Hrsg.): Widerspenstige Kulturen. Cultural Studies als Herausforderung, Suhrkamp Verlag, Frankfurt am Main, 1999, S. 416-419

[253] Vgl. Ute Allkämper/Susanne Schatral: Schulzeit, in: Elka Tschernokoshewa/Marija Jurić Pahor (Hrsg.): Auf der Suche nach hybriden Lebensgeschichten. Theorie-Feldforschung-Praxis, Waxmann Verlag GmbH, Münster, 2005, S. 154 ff

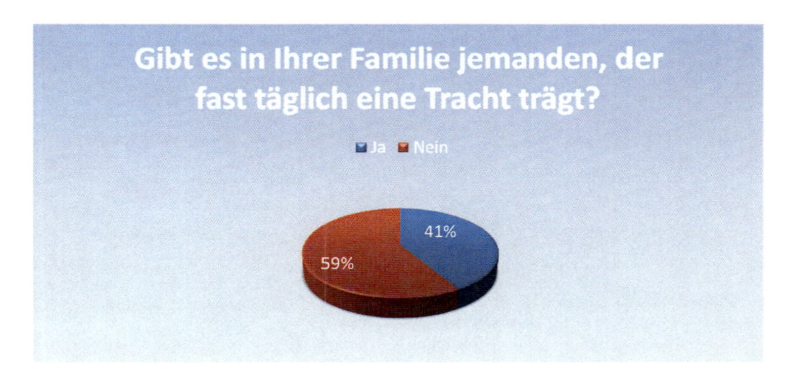

Ganz andere Ergebnisse erhält man jedoch bei der Frage, ob man zu bestimmten festlichen Anlässen die Tracht trage. 83 % der Befragten geben an, dass Familienmitglieder oder sie selbst zu gewissen Anlässen die Tracht tragen würden.

VI. 7. Identitätsbildung durch Selbst- und Fremdverständnis

Die weiteren Fragen des Fragebogens befassen sich vor allem mit den Aspekten des Eigenverständnisses und des vermuteten, dem Befragten zugewiesenen Fremdverständnisses durch Deutsche. So gaben nur drei der 41 Teilnehmer an, dass es keinerlei Unterschiede zwischen den Sorben und den Deutschen gäbe.

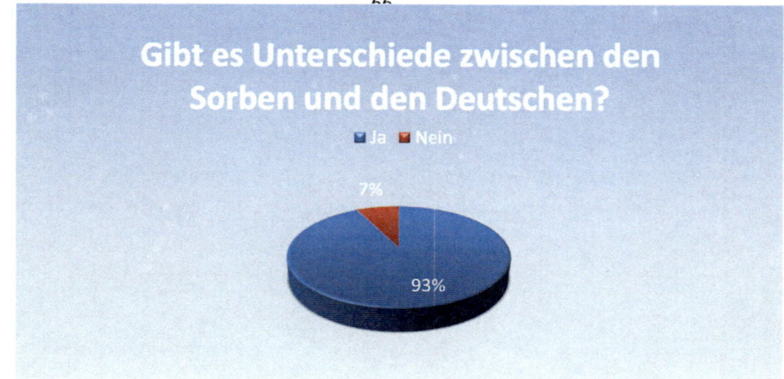

Der Erziehungswissenschaftler Klaus Prange definiert Identität als einen durch Selbst- und Fremdsicht entstehenden Prozess. Er unterscheidet zwischen der sozialtheoretischen, der substanztheoretischen und der moraltheoretischen Definition von Identität. In der sozialtheoretischen Ebene wird Identität durch Beziehungen zwischen dem Selbst und dem Anderen entwickelt. Das substanztheoretische Konzept von Identität bezeichnet ein individuelles, einmaliges Merkmal eines Menschen. Und das moraltheoretische Identitätskonzept stellt die Identität als einen vereinheitlichten Charakter dar, der nach gewissen Prinzipien handelt und diese Handlung verfestigt. Alle drei Ansätze konnotieren auf eine Wechselwirkung und bestehen gemeinsam nebeneinander. Sie werden entwickelt durch das Erleben des Selbst, das Beobachten anderer und das eigene Handeln. Diese daraus resultierende Identität bezeichnet er als differentielle Identität.[254] Aus diesem Grund ist die Frage nach dem Selbst- und Fremdverständnis essentiell, um eine eventuelle sorbische Identität markieren zu können.

Ein großer Teil der Befragten vertritt die Meinung, dass die Sorben im Vergleich zu den Deutschen einen stärkeren Zusammenhalt untereinander pflegen, sich gegenseitig mehr helfen und unterstützen würden. Es besteht ein bestimmtes Gemeinschafts- und Zusammengehörigkeitsgefühl. Monika[255] drückt dieses Gefühl so aus, indem sie schreibt, dass es in der sorbischen Mentalität das „unser, nicht mein" eher zählt. Die Befragten beschreiben die Sorben als familienfixierter, weltoffener, zugleich aber

[254] Vgl. Klaus Prange: Differentielle Identität oder: Auf der Suche nach dem verlorenen Selbst, in: Stephanie Hellekamps (Hrsg.): Ästhetik und Bildung. Das Selbst im Medium von Musik, Bildender Kunst, Literatur und Fotografie, Deutscher Studien Verlag, Weinheim, 1998, S. 162 ff

[255] Name wurde aus Datenschutzgründen geändert und ist frei erfunden.

auch als konservativer und traditionsbewusster, herzlicher, gastfreundlicher, geselliger und engagierter. Weitere Hervorhebungen erhalten die stärkere regionale Verwurzelung, die Wichtigkeit der Kirche und des Glaubens und die Verbundenheit mit der slawischen Mentalität. Auch das natürliche soziale Netzwerk und die kaum bis gar nicht vorhandene Anonymität der Sorben untereinander werden in diesem Kontext mehrmals vermerkt.[256]

Eine Aussage bezüglich der Unterschiede war jedoch eher negativ konnotiert, indem der Befragte angab, dass es für Sorben schwer sei, sich als Sorbe zu bekennen. Diese Aussage lässt einen gewissen Erfahrungswert erkennen, der auch in darauffolgenden Fragen erneut aufgegriffen wird.

Auf die Frage, was die Teilnehmer glauben, was die Deutschen über die Sorben denken, wurden sowohl positive als auch negative Konnotationen genannt. Interessanterweise scheinen diese lokal und regional bestimmt zu sein. So glaubt ein großer Teil der Befragten, dass die Deutschen in der Lausitz und nahen Umgebung den Sorben negativ gegenüber eingestellt seien; in einigen Fällen wurden sogar Kategorien wie Rassismus, Sorbenfeindlichkeit und Diskriminierung erwähnt. Ein ebenso großer Teil der Befragten vertritt die Meinung, dass je weiter die Deutschen von der Lausitz entfernt wohnen, ein interessiertes und bewunderndes Entgegentreten zu erwarten sei. Dort tritt man den Sorben offen gegenüber, ihre Sprache und Kultur wird als bereichernd und schützenswert empfunden und die Traditionen werden als touristischer Anziehungspunkt nutzbar gemacht. Viele der Partizipanten äußerten sich zu von ihnen erfahrenen Reaktionen deutschsprachiger Mitbürger, wenn in deren Gegenwart sorbisch gesprochen wird. Hier scheint es einige Erfahrungswerte zu geben, die darauf schließen lassen, dass die meisten Deutschen in der Lausitz in ihrer Gegenwart die deutsche Sprache wünschen[257], da sie sonst der Meinung sein müssten, man spräche über sie. Eine weitere Beobachtung, die oft genannt wird, ist die geglaubte Bevorzugung der Sorben und die Sonderstellung als Minderheit. Des Weiteren wird geglaubt, dass die Deutschen in der Lausitz mit den folgenden

---

[256] Diese zwei Aspekte und die genannte Hilfsbereitschaft wurden bei der Versendung der Fragebögen sichtbar So kannten die meisten, mit denen ich in Kontakt stand, auch wiederum andere, mit denen ich bereits in Kontakt getreten bin, bzw. waren bereit, mir bei der Erhebung zu helfen durch die Weitergabe von Kontaktdaten oder Versendung des Fragebogens an Bekannte.

[257] Dieses wird laut Aussage der Teilnehmer auch erwünscht, wenn der Deutsche nicht in das Gespräch involviert ist, bzw. in keinem Bekanntschaftsverhältnis zu den Sprechenden steht.

Stereotypisierungen hantieren würden: Sorben sind erzkatholisch, erzkonservativ, spießig, hinterwäldlerisch, geizig, rückständig und abgeschottet.

Die Frage „Was denken Sie als Sorbe über die Deutschen?“ evoziert weitere interessante Ergebnisse. So wird den Deutschen in einigen Fällen mehr Offenheit, Akzeptanz und Toleranz gegenüber Anderem zugesprochen. Die Anonymität der Deutschen untereinander wird sowohl positiv als auch negativ betrachtet. So ermöglicht sie, positiv gesehen, mehr Handlungsspielräume. In der negativen Betrachtungsweise jedoch lässt sie zu wenig Interesse am Anderen und keinen Zusammenhalt zu.

Als weitere positive Aspekte werden die vielen kulturellen, sozialen und beruflichen Möglichkeiten, die ihnen geboten werden, wahrgenommen. So sagt Matthias[258]: „Die haben es gut: können einfach ihre Flügel benutzen, ohne sich dabei die Wurzeln auszureißen.“ Viele der Teilnehmer äußern sich sehr neutral gegenüber den Deutschen. Sie werden als Menschen wie du und ich betrachtet, mit denen man gut klar kommt. Maria[259] äußert sich zu der Frage wie folgt: „Ich fühle mich als Sorbin, verstehe das aber nicht als „Abgrenzung“ zu Deutschen, da ich ja in diesem Land wohne.“ Sechs der Befragten schreiben nur, dass sie auch Deutsche seien. Negative Konnotationen, die die Befragten den Deutschen zuordnen, sind Charakterisierungen wie zum Beispiel vorurteilsbeladen, besserwisserisch, intolerant, arrogant, desinteressiert und überheblich. Neben den bereits genannten Aspekten der Diskriminierung und Aversion gegenüber den Sorben wird das Nicht-Wissen über die Existenz der Sorben bemängelt.[260]

Auch das fehlende Interesse an der sorbischen Kultur und dem Erlernen der sorbischen Sprachen wird negativ bewertet. Ein Befragter zeigt sich den Deutschen in der Lausitz gegenüber jedoch sehr verständnisvoll, fast schon empathisch, indem er sagt, dass jemand, der ständig mit einer Minderheit konfrontiert wird, natürlich seine Vorurteile hat und ebenso berechtigte negative Erfahrungen mit der Minderheit gemacht hat.

---

[258] Name wurde aus Datenschutzgründen geändert und ist frei erfunden.

[259] Name wurde aus Datenschutzgründen geändert und ist frei erfunden.

[260] Auch ich habe in Gesprächen mit Freunden und Bekannten festgestellt, dass kaum einer die Sorben kannte oder mit der Problematik dieser ethnischen Minderheit in Deutschland vertraut war.

VI. 8. Die Fremdheit

Die Auswertung der Fragebögen deutet auch heutzutage noch auf eine bestehende Fremdheit im Sinne von Julia Kristeva hin, die geprägt wird durch die empfundene Bedrohung durch andere, dem eigenen Unverständnis gegenüber anderen und der daraus resultierenden Unsicherheit.[261] Diese Unsicherheit liegt in der Oberlausitz sowohl auf der Seite der Deutschen wie auch auf der Seite der Sorben. So berichten einige Befragte von den Ängsten der Deutschen, dass die untereinander sorbisch sprechenden Personen schlecht über sie reden würden. Auf der anderen Seite haben einige Teilnehmer offenbart, dass es schwierig sei, sich als junger Sorbe auch als Sorbe auszugeben und zu identifizieren und in einigen Fällen aus Schamgefühl deutsch gesprochen würde.

Die von einigen Teilnehmern genannten und erfahrenen Diskriminierungen wirken als Pathos, welches das Fremde erst durch das überraschende und leidvolle Ereignis fremd erscheinen lässt. Dieser Affekt ist hinderlich für das Zusammenleben deutscher und sorbischer Bürger, da es keine Verschmelzung der beiden Parteien mehr zulässt und zu einer radikalen Fremdheit führen kann.[262] Auch wenn es keine gesetzmäßigen Germanisierungsversuche mehr gibt, scheint es heutzutage einen inoffiziellen regional bestimmten Assimilierungsprozess zu geben, der eine Gefahr für das sorbische Selbstbewusstsein und somit den Erhalt der Kultur und Sprache beinhaltet.

Die Fremdheit im Sinne Hahns als Tremendum durchleuchtet dieses genannte Zusammentreffen von Deutschen und Sorben durch die gemeinsame regionale und territoriale Besetzung der Lausitz:

> *„[...]: die Distanz innerhalb des Verhältnisses bedeutet, daß [sic!] der Nahe fern ist, das Fremdsein aber, daß [sic!] der Ferne nah ist.“*[263]

Dieses Zitat erörtert die Aussage, dass die Deutschen in der Lausitz bzw. in der unmittelbaren Umgebung, die täglich mit den Sorben konfrontiert sind, eher durch Vorurteile und Missbehagen definiert werden, wohingegen die Deutschen, die weiter

---

[261] Vgl. Bernhard Waldenfels: Zwischen den Kulturen, in: Grundmotive einer Phänomenologie des Fremden, Suhrkamp, Frankfurt am Main, 2006, S. 124
[262] Ebd., S. 131
[263] Alois Hahn: Überlegungen zu einer Soziologie des Fremden, in: Simmel Newsletter, o. O. , 1992, S. 59

von der Lausitz entfernt aufgewachsen sind, der sorbischen Kultur und Sprache und dem Kampf um den Erhalt bewundernd und interessiert entgegentreten.

Die Fremdheit konnotiert somit zunächst einmal auf ein regionales, in diesem Fall, die Oberlausitz betreffendes beschränktes Beziehungskonstrukt, in dem die Bezeichnung des Fremden erst geprägt wird und Grenzen zwischen dem Bekannten und dem Unbekannten/Fremden aufgestellt werden. Dieses setzt voraus, dass eine Eigendefinition und eine Selbstbeschreibung bereits stattgefunden haben, die immer mehr Alterität implizieren, desto mehr sie vorgenommen werden. Diese Selbst- und Fremdkonnotationen wurden in der Frage nach den Unterschieden zwischen Sorben und Deutschen in starker Form formuliert und unterstützen somit die Grenzziehung und Alteritätsaufstellung.

Dennoch vertritt nur ein geringer Teil der Befragten die Meinung, dass die Sorben in der Lausitz benachteiligt werden. Diejenigen, die Benachteiligung empfinden, sehen diese in den Schulschließungen sorbischer Schulen. Da die nächste sorbische/bilinguale Schule in den meisten Fällen vom Heimatort zu weit entfernt liegt, bleibt den Kindern keine andere Möglichkeit, als zu einer nähergelegenen deutschen Schule zu wechseln. Hier sollten den Minderheiten andere Maßstäbe zugesprochen werden, was beispielweise die Größen der Klassen betrifft. Bemängelt werden auch die ständigen Diskussionen um Geld und die geringe Berücksichtigung des Aspektes der Bestandheit und der kulturellen Möglichkeiten. Wie bereits zuvor erwähnt, gibt es zu wenige Produkte in der sorbischen Sprache, die zum Beispiel den heutigen Medienkonsum befriedigen könnten. Auch Geldeinsparungspläne, die geringe Lobby der Sorben und die wenigen oft laienartigen kulturellen Möglichkeiten werden als Benachteiligung verstanden.

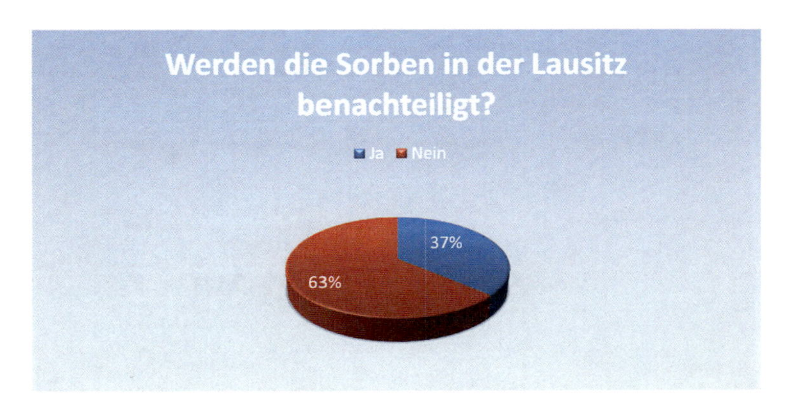

Das Problem der sorbischen Schulen wird auch in der Beantwortung der Frage nach politischen Aktionen wieder anschaulich. So würden einige ein Recht auf Bildung in der Muttersprache einführen, das sorbische Bildungsangebot fördern, mehr WITAJ-Gruppen gründen, sorbische Literatur im Unterricht erarbeiten und weitere sorbische Schulen eröffnen. Andere Aspekte, die auch die Sprache betreffen, sind zum Beispiel Informationen über die Vorteile zweisprachiger Erziehung bereits in Geburtsvorbereitungskursen, die Zuweisung eines höheren Stellenwertes der sorbischen Sprache in Ämtern und öffentlichen Einrichtungen oder Sorbisch als zweite Amtssprache in Sachsen und Brandenburg einzuführen, so dass diese gelehrt werden muss und auch auf öffentlichen Formularen präsent wird.

Durch derartige Aktionen soll vor allem das Selbstbewusstsein der Sorben gestärkt werden und eine gewisse Bekanntmachung der Problematik, die mehr Toleranz und Verständnis wecken soll, unterstützt werden. Viele fordern, dass sich alle Schüler in Deutschland mit den Minderheiten im Unterricht auseinandersetzen müssten und auch diesen die Chance gegeben werden sollte, die sorbische Sprache im schulischen Bereich zu erlernen. Neben all diesen Aspekten ist für die meisten eine finanzielle Sicherheit und Unterstützung, die alle Bereiche abdeckt, von hoher Wichtigkeit.

264

Ein Partizipant fordert die Selbstverwaltung für die Sorben, die sich am Beispiel Südtirol orientieren solle. Zwei Teilnehmer sind der Meinung, dass kein Gesetz die Sorben schützen könne, wenn sie ihre Existenzgefährdung nicht selbst erkennen sollten und der Wille, die Sprache zu erlernen und weiterzugeben nicht aus ihrem Inneren erwachsen würde. Einer fordert die Auflösung der sorbischen Zeitungen und die Integration sorbischer Artikel in deutschen Zeitungen. Diese Forderung kommt einem Ruf nach Hybridität gleich, indem eine Mischform zweier vorher voneinander getrennter Systeme gewünscht wird.

VI. 9. Identitätsverlust nach dem Mauerfall

Mit der folgenden Frage sollte festgestellt werden, ob es einen vermuteten Identitätsverlust seit dem Fall der Mauer gibt und ob die durch Beno Cyz hervorgehobene besondere Stellung der Sorben in der DDR auch so empfunden wurde.

[264] Urheber: Handrij Noack; hn kreativ media

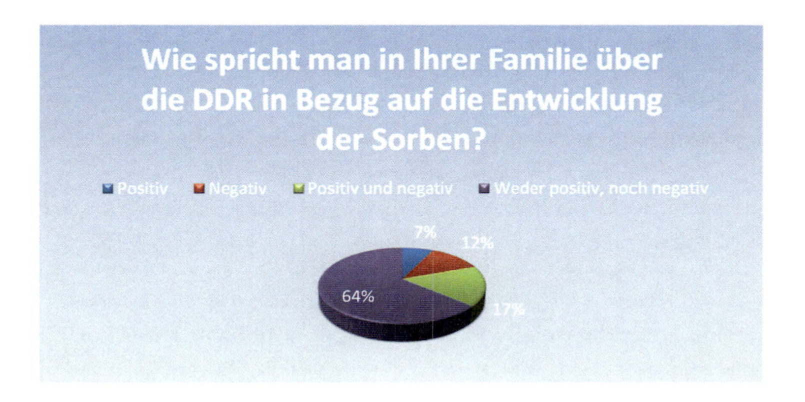

Wie das Diagramm veranschaulicht, gibt es innerhalb der Familien am wenigsten positive Erläuterungen im Bezug auf die Entwicklung der Sorben in der DDR. In einigen Familien wird die staatliche Unterstützung, die erstmalige Akzeptanz und Förderung der sorbischen Kultur und Sprache und die Etablierung der sorbischen Zeitung, sorbischsprachiger Kulturangebote und des bilingualen Unterrichts als positiv vermerkt.

Negativ wird geäußert, dass das Sorbische zwar akzeptiert aber nicht gefördert wurde. Die Sorbenpolitik wurde in das sozialistische Weltbild eingegliedert und zu Teilen als so positiv vermarktet, dass die Deutschen Vorurteile entwickelten. Ein weiterer negativer Aspekt war die Behinderung der Kirche und der damit zusammenhängenden Traditionen durch den Staat. Die fehlende Entscheidungsmöglichkeit und Freiheit und die starke Abhängigkeit von der SED, die auch in sorbischen Vereinen die Gleichschaltung forderte und Ideologien verbreitete, werden ebenso angeprangert. Resümierend kann festgehalten werden, dass -aus Sicht der Befragten-es nach dem Fall der Mauer keinen bzw. nur einen minimal deklarierten unterstellten Identitätsverlust gibt. Der Großteil der Befragten ist sich des Widerspruchs und der Unvereinbarkeit des sozialistischen Gleichmachungsgedankens der DDR mit der Herausbildung einer andersartigen sorbischen Identität bewusst.

VI. 10. Identität und Dispositionen

Der größte Teil der Befragten gibt an, dass der Braunkohlebergbau eine Gefährdung für die sorbische Kultur und Sprache sei. Als Gründe hierfür werden die dadurch erforderlichen Umsiedlungen genannt, die bestehende Dorfgemeinschaften und

Sprachregionen auflösen, so dass die Bewohner in ein meist deutsches Umfeld umsiedeln müssen. Viele verlassen das Gebiet der Lausitz ganz und gehen auf Grund des nun fehlenden Bezuges zur Heimat in wirtschaftlich besser gestellte Regionen, in denen die Brauchtumspflege jedoch kaum noch möglich ist. Die Geschichte, ortsgebundene Kultur und Gemeinschaft verlieren sich, was wiederum zu Bewusstseinsverlusten im Bezug auf Heimat, Gruppengefühl, Sprache, Kirche und Traditionen führen würde.

Einige der Teilnehmer vertreten jedoch auch die Meinung, dass die Gefährdung nicht mehr die Sprache, sondern höchstens die Traditionen der Sorben beträfe, da die Dörfer bereits im 20. Jahrhundert zerstört wurden und diese nur noch bedingt sorbisch seien. Die Sprache und die sorbische Identität seien dort kaum noch lebendig und der Abbau sei für die fast vollständige Assimilation in der mittleren Lausitz verantwortlich, wo der Sprachraum bereits zurückgedrängt wurde.

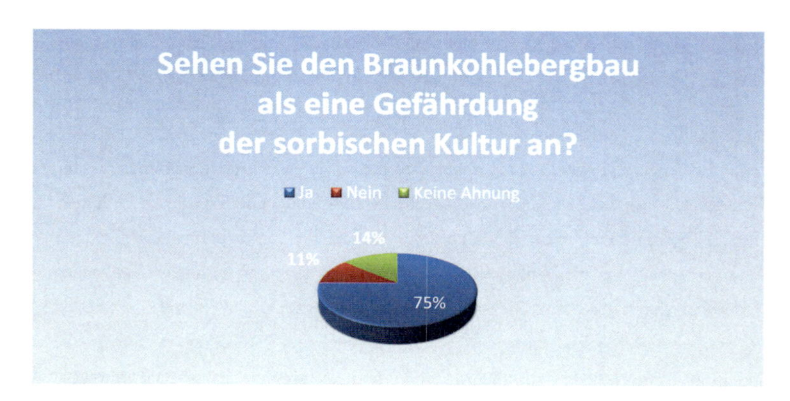

Diese Aussagen verifizieren die Definition von Identität nach Bourdieu, der die Meinung vertritt, dass die Akteure[265] in Abhängigkeit zu den Dispositionen des Feldes konditioniert sind. Somit positioniert der Mensch sich je nach Umfeld und Situation neu.[266] Die Identität wird geprägt und stetig neu formiert durch ein Interagieren der eigenen biographischen und uns prägenden Erfahrungen mit der Gesellschaft.[267]

---

[265] Akteur ist hierbei ein Synonym für Individuum/Mensch.

[266] Vgl. Pierre Bourdieu: Körperliche Erkenntnis, in: Meditationen–Zur Kritik der scholastischen Vernunft, Suhrkamp Verlag, Frankfurt am Main, 2001, S. 175

[267] Vgl. J. B. Metzler, Ansgar (Hrsg.) Metzler Lexikon Literatur- und Kulturtheorie, J. B. Metzler Verlag, Stuttgart, 2004, S. 277

Im Falle der Sorben scheint somit die Identität für 75 % in eindeutiger Abhängigkeit zu den äußeren und gesellschaftlichen Umständen, dem Braunkohleabbau und der damit verbundenen Umsiedlung zu stehen.

Die 11 %, die den Braunkohleabbau nicht als Gefährdung der sorbischen Kultur und Sprache sehen, begründen dies unter anderem mit dem ökonomischen Aspekt, da der Abbau für die Region wirtschaftlich wichtig sei und Arbeitsplätze schaffe, so dass dadurch weitere Abwanderungen unter Umständen sogar verhindert werden. Paradoxerweise trägt Vattenfall auf diese Weise sogar zum Erhalt der sorbischen Kultur und Sprache bei. Dieses Paradoxon widerspiegelt sich ebenso in Projekten, die das Unternehmen unterstützt. Ein Partizipant äußert sich sogar dahingehend, dass durch die Bedrohung überhaupt erst die Wichtigkeit der Kultur und die Notwendigkeit der Erhaltung derselben bewusst gemacht worden sind.

VI. 11. Die Groteske in der sorbischen Historie

Nachdem nun die derzeitige Situation des Zusammenlebens deutscher und sorbischer Bürger in der Oberlausitz veranschaulicht wurde, stellt sich die Frage, weshalb die Sorben in all den Jahrhunderten und diversen Regierungsformen immer wieder assimiliert werden sollten?

Die Germanisierungsversuche lassen sich mit der Angst und Furcht vor dem Fremden, der damit verbundenen kulturellen Vereinnahmung, Fragmentierung[268] und fundamentalistischen Bestrebungen erläutern, die eine gewisse vorgestellte und erwünschte Form von Homogenität gefährden bzw. verhindern konnten.[269] Diese Angst der Deutschen vor unüberwindbarer Alterität und anderen Lebensauffassungen münden nach Hahn oft in gewalttätigen Aktionen, die sich in den beschriebenen jahrhundertelangen Repressionen und Assimilierungsversuchen und heute vereinzelt vorkommenden Diskriminierungen darstellen.[270]

---

[268] Fragmentierung wird hier im soziologischen Sinne angewandt und bezieht sich dementsprechend auf die Zerstückelung einer Gesellschaft auf Grund von unterschiedlicher Herkunft und Ethnie.

[269] Vgl. Kevin Robins: Beyond Imagined Community? Transnationale Medien und türkische MigrantInnen in Europa. In Brigitte Hipfl/Elisabeth Klaus/Uta Scheer (Hrsg.): Identitätsräume. Nation, Körper und Geschlecht in den Medien. Eine Topografie. transcript Verlag, Bielefeld, 2004, S. 117 f

[270] Vgl. Alois Hahn: Überlegungen zu einer Soziologie des Fremden, in: Simmel Newsletter, o. O. , 1992, S. 54 - 61

Michail Bachtin äußert sich zu dem Aspekt der Angst wie folgt:

> *„Angst ist der extreme Ausdruck der einseitigen und engstirnigen Seriosität, die vom Lachen besiegt wird [...]. Nur in einer Welt ohne Angst ist die schrankenlose Freiheit des Grotesken möglich."*[271]

In Bachtins Augen erscheint das Körperbild der karnevalesken Welt als ein groteskes Körperbild, das ambivalent und grenzüberschreitend ist und sich ständig durch Öffnungen zum Außen verändert.[272] Das jahrhundertelange Nebeneinander von Deutschen und Sorben in der Lausitz ist ebenso grotesk. Es ist dadurch bestimmt, dass die Sorben in dem einen Moment als niederes Volk ausgeschlossen und unterdrückt wurden und in dem anderen Moment wieder in die Gemeinschaft aufgenommen wurden. Ihre Lebensgestaltung stand immer in der Abhängigkeit von der jeweiligen Verbindung und Vereinigung des Innen der Deutschen mit dem sorbischen Außen. Da dieses Verhältnis jedoch geprägt war von Fremdheit und damit einhergehender Angst, blieb den Sorben die Möglichkeit, in schrankenloser Freiheit zu leben, verwehrt.

Die Unterwerfung und Zusammenführung der Deutschen und Sorben hat immer nur eine zeitweilige gemeinsame, jedoch aufoktroyierte und damit auch nur vorgestellte kulturelle und nationale Identität geschaffen. Während der Germanisierungsprozesse konnte diese aufgezwungene Identität solange als Identität bestehen bleiben, solange sie als einheitlich dargestellt wurde. Ähnlich verhielt es sich mit der Rasse, die nichts mit dem biologischen Ursprung zu tun hatte, sondern aus einer erfundenen Idee von Homogenität und Einheitlichkeit entsprungen ist. Dadurch, dass sie erzwungen wurde, konnte sie weder überleben, noch den Sorben ihr ihnen anhaftendes Bedrohungsmerkmal nehmen.[273]

Laut Hall entsteht durch die Veränderung der gewohnten Sicherheit und Stabilität eine Identitätskrise; hierbei wird die kulturelle und soziale Welt verschoben, so dass die Selbstwahrnehmung instabil wird.[274] Demnach haben sich die Sorben in einem stetigen Prozess einer Identitätskrise befunden, welche zeitweilig unterbrochen wurde,

---

[271] Michail Bachtin: Rabelais und seine Welt. Volkskultur als Gegenkultur, Suhrkamp Verlag, Frankfurt am Main, 1987, Renate Lachmann (Hrsg.), S. 98 f

[272] Ebd., S. 76

[273] Vgl. Stuart Hall: Kulturelle Identität und Globalisierung, in: Karl H. Hörning/Rainer Winter (Hrsg.): Widerspenstige Kulturen. Cultural Studies als Herausforderung, Suhrkamp Verlag, Frankfurt am Main, 1999, S. 420-423

[274] Ebd., S. 394

solange die Förderung der sorbischen Kultur und Sprache einen Nutzen für die jeweiligen Machthaber implizierte. Trotz dieser durchlaufenen Krisen gibt es die Kultur und die Sprache der Sorben noch. Wie lässt sich das erklären?

> *„Die Stärkung lokaler Identitäten kann als heftige Verteidigungsreaktion der Mitglieder einer herrschenden ethnischen Gruppe angesehen werden, die sich durch die Präsenz anderer Kulturen angegriffen fühlen.“*[275]

Die Folge dieser Stärkung lokaler Identitäten, in diesem Falle die der Deutschen, äußert sich in einem ethnischen Absolutismus, der eine nationale kulturelle Identität wieder erschaffen soll, so dass Minderheiten keine Bedrohung mehr darstellen. In dem Fall der Sorben kann von einem jahrhundertelangen kulturellen Rassismus gesprochen werden. Dieser hat zwar zu einem äußeren Rückzug der sorbischen Identität geführt aber im Inneren eine stärkere Rückbesinnung auf den Ursprung durch das Ausführen von Ritualen und Religion bewirkt, die eine eigene neue kulturelle Identitätenbildung ermöglicht hat.[276] Diesem äußeren Rückzug, der scheinbaren Anpassung und der stets friedlichen Lebensart der Sorben ist es zu verdanken, dass sie sich ihre Kultur zu Teilen bewahren konnten.

VI. 12. Agieren in Codes

Um den Erhalt der sorbischen Sprache erklären zu können, wird an dieser Stelle das Kodier-/Dekodier-Modell von Hall nützlich. Dieser sagt, dass die Realität außerhalb der Sprache besteht, durch die sie nur vermittelt wird. Die Sprache entsteht durch Codes.[277] Diese besitzen eine kulturell bestimmte Macht, mit der Ideologien repräsentiert werden können. Sie beinhalten kulturelle Tätigkeiten, wie zum Beispiel Bräuche, soziale Praktiken und Bedeutungen, so dass durch die konnotative Ebene der Signifikanten die Kultur und die Geschichte in die Sprache eingebaut und dargestellt werden, wodurch sie einen Teil einer bestimmten Ideologie darstellen. Dadurch wird alles hinsichtlich kultureller, politischer und wirtschaftlicher Aspekte klassifiziert, auf die sie auch wieder referieren.[278]

---

[275] Stuart Hall: Kulturelle Identität und Globalisierung, in: Karl H. Hörning/Rainer Winter (Hrsg.): Widerspenstige Kulturen. Cultural Studies als Herausforderung, Suhrkamp Verlag, Frankfurt am Main, 1999, S. 433

[276] Ebd., S. 433

[277] Vgl. Stuart Hall, Ideologie Identität Repräsentation. Ausgewählte Schriften 4, Argument Verlag, Hamburg, 2004, Juah Koivisto/Andreas Merkens (Hrsg.), S. 71

[278] Ebd., S. 74

Die Sorben haben jahrhundertelang in den dominanten und bevorzugten Codes der jeweiligen Herrscher gehandelt und konnten durch diese besondere Form von Anpassungsfähigkeit sich selbst und ihre Sprache auf diesem Wege schützen und erhalten.[279] Da es neben dem Agieren im dominanten Code jedoch auch immer wieder Phasen in der sorbischen Historie gab, die eine andere Lesart gezeigt haben, kann die Frage nicht nur einseitig anhand des Agierens im dominanten Code beantwortet werden. Denn der oppositionelle Code führte auch immer wieder zu einem Widerstand gegen die Unterdrückung.[280] Wie die eigene Lesart eines Menschen aussieht, wird beeinflusst durch die Familie, das soziale Umfeld und Institutionen. Somit steht auch die Lesart in einem Abhängigkeitsverhältnis von der Historie und deren kommunikativer Weitergabe durch andere.[281]

Die Fähigkeit des Mischens des oppositionellen und dominanten Codes ist somit die Erklärung dafür, dass die Obersorben sich trotz aller Widrigkeiten so gut selbst erhalten konnten. Es erklärt auch die unterschiedliche Behandlung von Juden und Sorben zur Zeit des Nationalsozialismus. Indem man ihnen eine kulturelle und nationale Identität aufoktroyierte, jegliche nationale sorbische Bestrebungen unterband und einen dominanten Code im sorbischen Handeln feststellte, hatten die Sorben die Möglichkeit nicht in dem Maße verfolgt zu werden, wie die Juden. Aber nicht nur zur Zeit des Nationalsozialismus, auch in den Jahrhunderten davor und den Jahrzehnten nach dem zweiten Weltkrieg verhalf das Wechselspiel der verschiedenen Codes zu einem Überleben der Kultur und Sprache.

VII. Zusammenspiel von kultureller Identität, kulturellem, sozialem und kollektivem Gedächtnis, von Habitus und mentalen Räumen

Mit Bezug auf die Anfangsfrage und die Ergebnisse der Befragung soll nun geklärt werden, ob es eine einheitliche obersorbische kulturelle Identität gibt, bzw. ob diese eventuell erst konstruiert wurde/wird? Am besten lässt sich diese Frage wohl mithilfe der kulturellen Identität und des kulturellen, sozialen und kollektiven Gedächtnisses beantworten. Überraschend auffällig waren bei der Auswertung der Fragebögen, die häufig übereinstimmenden Antworten – bis hin zu terminologischen Übereinstimmungen- bei den offenen Fragen. Handelt es sich bei diesem Phänomen

[279] Ebd., S. 76
[280] Ebd., S. 80
[281] Ebd., S. 102

bereits um einen Hinweis auf eine durch Erziehung und soziales Umfeld konstruierte sorbische Identität?

Stuart Hall definiert die Bildung einer kulturellen Identität als einen sich stets ändernden, schöpferischen Prozess. Hierbei berücksichtigt er den individual-spezifischen und historischen Aspekt[282] im Zusammenwirken mit den sich stetig ändernden äußeren Prozessen. Das innere Ich/der Kern eines Menschen wird durch äußere Einflüsse und Identitätskonstrukte stets modifiziert und neu gebildet.[283]

> *„Kulturelle Identitäten sind die unstabilen Identifikationspunkte oder Nahtstellen, die innerhalb der Diskurse über Geschichte und Kultur gebildet werden. Kein Wesen, sondern eine Positionierung.“*[284]

Diese Positionierung bildet eine ethnische Gruppe im Sinne Max Webers. Für ihn ist Ethnizität das homogen geglaubte Konzept einer Gruppe von Menschen, die sich durch Traditionen und einen gewissen Habitus, wie zum Beispiel Kleidung und Sprache von anderen abgrenzen und an einen gemeinsamen kulturellen Ursprung glauben.[285] Für die ober- und untersorbische Ethnizität sind die Flagge und die zwei verschiedenen Nationalhymnen ausschlaggebend. Die Hymne konstatiert dazu noch eine territoriale Ethnizität, indem sie den Bezug zur Lausitz betont und deren Schönheit preist. Laut Bourdieu entsteht der Habitus eines Menschen aus verschiedenen Schemata, die aus dem reziproken Zusammenspiel von Erkenntnis-prozessen, bestehend aus persönlichen Erfahrungen, mit gesellschaftlichen Strukturen resultiert.[286] Um diese Erkenntnisprozesse zu erleben, benötigt der Akteur gewisse Instrumente, die zum Einen von der Welt vorgegeben und strukturiert werden und zum Anderen auch wieder die Welt strukturieren.[287]

---

[282] Vgl. Stuart Hall: Kulturelle Identität und Diaspora, in: Ulrich Mehlem/Dorothee Bohle/Joachim Gutsche/Matthias Oberg/Dominik Schrage (Hrsg.): Rassismus und kulturelle Identität–Ausgewählte Schriften 2, Argument Verlag, Hamburg, 1994, S. 26
[283] Ebd., S. 29
[284] Stuart Hall: Kulturelle Identität und Diaspora, in: Ulrich Mehlem/Dorothee Bohle/Joachim Gutsche/Matthias Oberg/Dominik Schrage (Hrsg.): Rassismus und kulturelle Identität–Ausgewählte Schriften 2, Argument Verlag, Hamburg, 1994, S. 30
[285] Vgl. FU Berlin, Ulf Brunnbauer: Multiethnizität und Minderheiten in Südosteuropa, URL: <http://userpage.fu-berlin.de/~ulf/begriffe.pdf> [Stand: 08.03.10]
[286] Vgl. Pierre Bourdieu: Körperliche Erkenntnis, in: Meditationen–Zur Kritik der scholastischen Vernunft, Suhrkamp Verlag, Frankfurt am Main 2001, S. 177 f
[287] Ebd., S. 189

Wenn Akteure ähnlich konditioniert sind, finden sie ihren Habitus oft auch bei den anderen ähnlich konditionierten Akteuren wieder und können so gewisse Einstellungen rechtfertigen oder variabel verändern.[288] Diese Dispositionen sind kollektiv und sozial bestimmt, und somit ist auch der Habitus ein reziprokes Produkt aus einem individuellen Kern und sozialen Mustern, und kann so einer gewissen Gruppe zugeordnet werden.[289]

Aleida Assmann vertritt ebenso die Meinung, dass das Individuum durch das Wir, bzw. verschiedene Wir-Gruppen[290] geprägt wird. Diese Wir-Gruppen sind beispielsweise Nation, Ethnie, Peer-Group, soziale und kulturelle Gruppen. Durch diese entstehen Grundzüge der Identität. Emotionen sind ein entscheidender Faktor für Erinnerungen und die Stärkung von Gruppen-Identitäten.[291] Das kulturelle Gedächtnis entsteht durch die Aufnahme von Codes und Konzepten aus dem Umfeld.[292] Diese Codes werden vom Individuum reflektiert und kritisch betrachtet, so dass dieses eine Vorstellung von sich selbst und der Welt entwickelt.

Neben dem kulturellen existiert das soziale Gedächtnis, welches kurzfristig bestimmt ist und auf verbalem Austausch beruht. Es ist flexibel veränderbar und bestimmt durch die soziale Gemeinschaft und politische Gegebenheiten, in die man hineingeboren worden ist. Die zweisprachigen Straßenbeschilderungen, Geschäfts- und Hausbeschriftungen, die heutzutage in der Lausitz zu finden sind, sind Teil des sozialen Gedächtnisses und werden unter anderem determiniert durch politische Gegebenheiten. So wurden in der Zeit des Nationalsozialismus alle sorbischen Beschilderungen in rein deutsche umgewandelt.

---

[288] Ebd., S. 186 f
[289] Ebd., S. 201
[290] Man ist entweder direkt in diesen Gruppen drin, oder kann sich freiwillig für gewisse Gruppen entscheiden.
[291] Vgl. Bundeszentrale für politische Bildung, Aleida Assmann, URL: <http://www.bpb.de/files/OFW1JZ.pdf> [Stand: 14.03.10]
[292] Wie zum Beispiel Familie, Lehrer und Gesellschaft.

[293]

Im Gegensatz zu dem sozialen Gedächtnis ist das kollektive Gedächtnis langfristig, stabil und mythisch bestimmt. Es entsteht durch das Weitertragen von Geschichten an nachfolgende Generationen durch bestimmte Institutionen und prägt so das erwünschte Selbstbild. Unterstützt wird das kollektive Gedächtnis oft durch die Ausübung von Riten.[294] In der Historie der Sorben in der Lausitz sollte zu gewissen Zeiten das kollektive Gedächtnis der Sorben durch Vernichtung von Literatur und Auflösung jeglicher sorbischer Institutionen zerstört werden. Hierbei wurde ein Weitertragen von Historie und Geschichten gezielt verhindert, um so die Vergangenheit aufzulösen und eine kollektive sorbische Identität zu unterbinden. Auch die beiden Nationalhymnen dienen dem kollektiven Gedächtnis. Durch sie wird eine Geschichte erzählt, die geprägt ist durch das Leid der Sorben und von dem Wunsch nach einer selbstbestimmten, friedlichen Zukunft. Diese Konzepte entsprechen dem soziologischen Subjekt, das davon ausgeht, dass es durch äußere Einflüsse, wie zum Beispiel das soziale Umfeld geprägt und beeinflusst wird und somit die Normen und Symbole der Gesellschaft und der dort vorhandenen Kultur übernimmt. Es besitzt weiterhin einen individuellen inneren Kern, welcher jedoch

---

[293] Urheber: Handrij Noack; hn kreativ media

[294] Vgl. Bundeszentrale für politische Bildung, Aleida Assmann,
URL: <http://www.bpb.de/files/OFW1JZ.pdf> [Stand: 14.03.10]

durch das äußere soziale Gebilde verändert und entwickelt wird. Zu den Zeiten der Reformation galt die Literatur als ein zentraler Aspekt der imagined community und des kulturellen Gedächtnisses, vor allem weil durch die Reformation die sorbischen Schriftsprachen erst offiziell eingeführt wurden. Heutzutage wird das kulturelle Gedächtnis gefördert durch Internetseiten, wie zum Beispiel www.interserb.de oder www.internecy.de, auf denen ein regelmäßiger Austausch in sorbischer Sprache stattfindet. Es wird eine virtuelle Gemeinschaft unterstützt, die das kulturelle Gedächtnis fördert, sich selbst als imagined community begreift und somit auf sich selbst referiert und als Solidargemeinschaft und Anima Collectiva wirken kann. Hierbei wird die Heimat, die nach der Auswertung der Fragebögen als ein wichtiger Aspekt betrachtet wird, enträumlicht, so dass der territorial abgesteckte Mikrokosmos der Lausitz virtuell aufgelöst werden kann.

Das postmoderne Subjekt geht davon aus, dass das Individuum durch mehrere Identitäten, die sich auch widersprechen können, entsteht. Dieser Prozess ist problematisch für die Identitätsfindung und die Sicherheit des Subjekts. Die Identitäten und Identifikationen können sich zu jeder Zeit wieder verändern, so dass es eine einheitliche, kohärente Identität ein ganzes Leben lang nicht geben kann.[295]

Bei den befragten Sorben scheint eine eindeutige Zuordnung zu einem Subjekttypus nicht möglich. Eher besteht eine Mischung aus dem soziologischen und dem postmodernen Subjekt. So existiert in einigen Fällen der Befragten bereits innerhalb der Familie eine Diskontinuität durch ein sorbisches und ein deutsches Elternteil. Ebenso zwischen der traditionsorientierten sorbischen Gesellschaft und der modernen Gesellschaft, die vor allem durch globale Prozesse bestimmt wird.

Zusammenfassend kann festgehalten werden, dass bei den Obersorben in der Lausitz eine Mischung aus mentalen Räumen und einer konstruierten sorbischen kulturellen Identität besteht, die durch Identifikation im Sinne Halls internalisiert und als eigenes angenommen werden kann. So gibt es eine konstruierte kulturelle Identität, die sich in einem steten schöpferischen Prozess auszeichnet, dessen Habitus aus Erkenntnisprozessen und der Aufnahme von Codes inklusive deren kritischer Betrachtung besteht. Dadurch erhält ein jeder Obersorbe eine Vorstellung von einer bestimmten sorbischen, aber auch deutschen Welt. Bis es dazu kommt, müssen jedoch

[295] Vgl. Stuart Hall: Kulturelle Identität und Globalisierung, in: Karl H. Hörning/Rainer Winter (Hrsg.): Widerspenstige Kulturen. Cultural Studies als Herausforderung, Suhrkamp Verlag, Frankfurt am Main, 1999, S. 394-397

mehrere mentale Räume durchschritten werden, die beeinflusst werden durch Familie, Schule, Peer-Group, öffentliche Einrichtungen und kulturelle Angebote. Anhand dieser Vorstellung und der errichteten kulturellen Identität werden Kriterien erstellt, mit denen versucht wird, die obersorbische Kultur und Sprache zu erhalten. Eine Befreiung von der Mentalität oder der imagined community im Sinne Andersons ist somit nicht möglich, da sie den Prozess des Erhaltens gefährden würde.

VIII. Beeinflussung lokaler Prozesse durch Globalisierung

Zu klären ist an dieser Stelle, ob die fortschreitende Globalisierung eine weitere Gefahr für den Fortbestand der sorbischen Kultur und Sprache bedeuten könnte. Neben dem Positiv-Beispiel des bereits erwähnten interkulturellen Austausches ethnischer Minderheiten, gibt es auch das Negativ-Beispiel der anfangs erwähnten sorbischen Auswanderer im 19. Jahrhundert. Bei diesen hat die sorbische Sprache nur noch zwei nachfolgende Generationen überlebt, da sie sich in einer deutschen Diaspora befanden, in der die sorbische Sprache sich nicht durchsetzen konnte. Ebenso ersetzt heutzutage in vielen Fällen die globale Identifikation die nationale Kultur, vor allem auch durch eine globale Identitäteneinheit, die durch die weltweite Nutzung gewisser Produkte und den Konsum bestimmter Medien und Informationen verschiedener global verstreuter Personen herausgebildet und gefördert wird.[296] In diesem von Bachmann-Medick so bezeichneten Spannungsfeld von Universalität und Individualität gibt es jedoch auch eine andere Seite. Hier fördert die Globalisierung das Lokale und Nationale, vor allem wenn dort Differenzen aufgezeigt, bzw. ästhetisiert werden können. Es entwickelt sich in der Abhängigkeit zum Globalen ein neues Lokales und neue lokale und globale Identifikationen, die dem Erhalt des *Sorbentums*[297] nützlich werden könnten.[298]

Was bereits verifiziert wurde, ist das Abhängigkeitsverhältnis von Identität und Differenz. Die Globalisierung will nationale Identitäten zerstören oder zerstreuen und viele verschiedene und neue Formen von Identitäten und Identifikationen in verschiedenen gesellschaftlichen oder politischen Zusammenhängen schaffen.

[296]Vgl. Stuart Hall: Kulturelle Identität und Globalisierung, in: Karl H. Hörning/Rainer Winter (Hrsg.): Widerspenstige Kulturen. Cultural Studies als Herausforderung, Suhrkamp Verlag, Frankfurt am Main, 1999, S. 427 f

[297] Hervorhebung durch Verfasserin.

[298] Vgl. Stuart Hall: Kulturelle Identität und Globalisierung, in: Karl H. Hörning/Rainer Winter (Hrsg.): Widerspenstige Kulturen. Cultural Studies als Herausforderung, Suhrkamp Verlag, Frankfurt am Main, 1999, S. 429 f

Einige diasporische Identitäten halten an alten Traditionen fest und wollen diese so in ihrem Ursprung und ihrer Tradition erhalten und ein früher geglaubtes Sicherheitsgefüge wiederfinden und aufbauen. Da es dieses Sicherheitsgefüge bei den Sorben nie gegeben hat, wird diese Form von Gruppenidentität an dieser Stelle ausgeschlossen. Eine weitere Gruppe akzeptiert die Entwicklung und Vermischung von Identitäten und nimmt die verschiedenen Identifikationsmöglichkeiten auf. Die dritte Form ist die Mischung aus dem Festhalten an den alten Kulturen und Traditionen und dem Wissen, dass sie so an dem Ort und in der Zeit, in der sie sich nun befinden, nicht mehr leben können. Sie halten ihre kulturelle Identität durch das weitere Ausüben von Traditionen und der Sprache fest als einen Teil ihres Selbst. Hierbei handelt es sich jedoch nicht um eine homogene Gruppe, sondern um eine hybride Gruppe, die Bhabha als Übersetzer bezeichnet. Als Produkt einer Diaspora[299] sprechen die Individuen zwei Sprachen, leben zwei Kulturen und besitzen zwei Identitäten.[300]

Dieser hybriden Gruppe können nach Auswertung der Fragebögen die befragten Sorben in der Oberlausitz zugeordnet werden. Ihnen kann eine einheitliche kulturelle Identität zugeordnet werden, die jedoch im Zusammenspiel mit einer weiteren, zu Teilen hybriden Identität wirkt. Auch im 12. Jahrhundert entwickelten sich bereits Formen von Hybridität in der Lausitz durch die Übersetzerrolle der sorbischen Dorfältesten zwischen deutschen und sorbischen Bürgern.[301] Aus dieser Diaspora können ebenso neue Kulturen entstehen, die dem Versuch, eine reine sorbische Identität wieder zu erschaffen, nachgehen, bei dem der Schutz des eigenen Volkes und die Besinnung auf das Lokale im Vordergrund stehen.[302] Schaut man auf eine Rate von 39 % der Teilnehmer, die einen sorbischen Partner haben, bzw. großen Wert darauf legen, ist auch dieser Versuch erwiesen. Es wird deutlich gemacht, dass es für einige der Befragten wichtig ist, einen sorbischen Partner zu haben, damit die Kultur und Sprache weiterhin auch im familiären Kreis fokussiert genutzt werden kann. Laut Hall kann diese Entwicklung zu Nationalismus und Fundamentalismus führen. Diese

---

[299] Die wie zuvor erwähnt definiert wird.

[300] Vgl. Stuart Hall: Kulturelle Identität und Globalisierung, in: Karl H. Hörning/Rainer Winter (Hrsg.): Widerspenstige Kulturen. Cultural Studies als Herausforderung, Suhrkamp Verlag, Frankfurt am Main, 1999, S. 434 f

[301] Vgl. Peter Kunze: Die Sorben/Wenden in der Niederlausitz. Ein geschichtlicher Überblick, Domowina-Verlag, Bautzen, 2000, 2. durchgesehene Auflage, S. 13

[302] Vgl. Stuart Hall: Kulturelle Identität und Globalisierung, in: Karl H. Hörning/Rainer Winter (Hrsg.): Widerspenstige Kulturen. Cultural Studies als Herausforderung, Suhrkamp Verlag, Frankfurt am Main, 1999, S. 434 f

Entwicklung geht jedoch weder aus der Vergangenheit[303] noch aus den Ergebnissen der Fragebögen hervor.

IX. Zusammenfassung

> *„Wenn ein Individuum durch unterschiedliche kulturelle Anteile geprägt ist, wird es zur Aufgabe der Identitätsbildung, solche transkulturellen Komponenten miteinander zu verbinden. Nur transkulturelle Übergangsfähigkeit wird uns auf Dauer noch Identität und so etwas wie Autonomie und Souveränität verbürgen können.“*[304]

Die wahre Freiheit und die Möglichkeit des obersorbischen kulturellen und sprachlichen Erhalts liegen also in der ständigen Mobilität und dem Wechsel von einem Raum in einen anderen Raum. Die Ergebnisse der Fragebögen deuten jedoch nicht auf ein Zusammenleben oder Miteinander von Deutschen und Sorben hin, sondern eher auf eine Koexistenz mit wenigen Berührungspunkten.

Wie die Ergebnisse der Fragebögen[305] zeigen, scheint der Zugang zur obersorbischen Kultur ohne sprachliche Kenntnisse kaum möglich. Wenn die sorbische Kultur nur aus familiären Gründen angenommen wird, gibt es keine Identifikation mit dieser und keine Zugehörigkeit. Wenn die Identifikation jedoch aus dem eigenen Inneren erfolgt, dann entsteht Mobilität zwischen den verschiedenen Räumen, zwischen inneren und äußeren Räumen, Emotionen und Intellekt, dem Selbst- und dem Fremdverständnis. Diese Mobilität und Hybridität muss sowohl von sorbischer als auch von deutscher Seite ausgeübt werden, denn nur durch die beidseitige Hybridisierung von Kultur und Sprache, kann die obersorbische weiterhin bestehen und der Suche nach Identitäten nachgegangen werden, ohne in Schemata zu verfallen, die geprägt sind durch Diskriminierung, Stereotypisierung, Ängste und Vorurteile.

Nur durch die Forderung nach Identität werden traditionale Gesellschaften unterstützt und gerettet. Den Sorben muss die Möglichkeit gegeben werden, ihre Sprache in jedem Bereich zu gebrauchen, denn nur dadurch können Motive dargelegt und Selbst-

---

[303] Extrem nationalistische Forderungen gab es nur in vereinzelt auftretender Form.
[304] Institut für Auslandsbeziehungen e. V., Wolfgang Welsch: Kulturverständnis,
URL: < http://www.ifa.de/pub/kulturaustausch/archiv/zfk-2002/der-dialog-mit-dem-islam/welsch/> [Stand: 04.04.10]
[305] Betreffend vor allem der Fragen nach der Partnerwahl und des Braunkohleabbaus.

tätigkeit verwirklicht werden.[306] Ein jeder Mensch wird durch die Geburt in ein soziales, moralisches und kulturelles Gefüge hineingeboren. Die Enkulturation erfolgt durch Familie, Schulen, Lehrer, öffentliche Einrichtungen, Sprechen der Muttersprache und Ausübung von Traditionen. Feste und Bräuche dienen auf Grund ihrer regelmäßigen Anwendung und Ausübung als Gedächtnisstützen, die Frageanlässe[307] offerieren und somit Identität vermitteln und zugleich auch absichern. Ähnliches leisten auch literarische Texte, wie zum Beispiel die oben genannte Sage um Krabat, die je nach gesellschaftlichem und politischem Hintergrund modifiziert wird.

Die Kultur ist die zweite Natur eines jeden Menschen und dient als Schutz- und Sicherheitsgefüge, das zugleich Orientierung offenbart.[308] Wird den Sorben ihr kultureller Hintergrund streitig gemacht, werden sie ihrem Sicherheitsgefüge entrissen und ihrer personalen Identität beraubt, was jeglichem verantwortungsvollen, menschlichen Agieren widerspricht. Das Ergebnis der Befragung bezieht sich zwar nur auf die Obersorben, dennoch ist das Ergebnis hinsichtlich des Zusammenlebens von Deutschen und Sorben mit Sicherheit auch auf die Niedersorben zu projizieren, deren sprachlicher und kultureller Fortbestand auf Grund historischer divergierender Bedingungen noch stärker gefährdet ist als bei den Obersorben. Interessant wäre eine Ausweitung dieser Arbeit auf die niedersorbischen Bewohner der Lausitz und eine auf diese Arbeit aufbauende und weiterführende Studie, die eine Befragung deutscher Bewohner der Lausitz bezüglich ihrer Fremdsicht der Sorben mit einbeziehen würde. Dadurch könnte deutlich werden, inwieweit Stereotypisierungen tatsächlich zutreffen bzw. nutzbar gemacht werden und wie sehr das Fremdverständnis für das sorbische Selbstverständnis und die Konstruktion der kulturellen Identität verantwortlich sind.

Die Oberlausitz stellt sich dar als ein *Mikrokosmos von Diversität*[309]. Diese kulturelle Vielfalt ist nicht nur wichtig für jedes sorbische Individuum, sondern kann auch zu globalen Zwecken genutzt werden. So hilft das Sprachvermögen der Kommunikation mit slawischen Ländern. Diese interkulturelle Kompetenz in der Lausitz kann und

---

[306] Vgl. Volker Ladenthin/Gabriele Schulp-Hirsch: Identitätsprobleme-Pädagogische Schwierigkeiten mit einem Begriff, in: Verband der Pädagogiklehrer und Pädagogiklehrerinnen (Hrsg.): Pädagogik UNTERRICHT, Heft 4, Dezember 2009, Wesel, S. 4 ff

[307] Wie zum Beispiel: Wozu gibt es diesen Brauch? Warum führt man dieses Fest durch?

[308] Vgl. Jürgen Rekus/Volker Ladenthin: Identität im kulturellen Kontext-eine Unterrichtsreihe, in: Verband der Pädagogiklehrer und Pädagogiklehrerinnen (Hrsg.): Pädagogik UNTERRICHT, Heft 4, Dezember 2009, Wesel, S. 15

[309] Hervorhebung durch Verfasserin.

sollte zum besseren Verständnis anderer Kulturen genutzt werden. Aber sie sollte nicht nur in der Lausitz gleichsam verharren, sondern könnte ein nachdenkenswertes Beispiel, eine Anregung für ganz Deutschland sein[310]. Inwieweit dies unterstützt werden kann, wurde zuvor in der Auswertung der Fragebögen deutlich. Wären alle Bewohner Deutschlands über den Mikrokosmos dieser lebendigen obersorbischen Minderheit informiert, ließe das einen eigenen Beitrag zu dessen Erhalt und Förderung zu. Dies wäre auch ein Beitrag zum interkulturellen Lernen[311], zum Beispiel in der Schule[312], das beim Abbau von Vorurteilen hilft, gegenseitiges Verstehen und Verständnis fördert und eine interkulturelle Kompetenz schaffen würde, die inhärent ist, um weichere Grenzen und hybride Zwischenräume zu schaffen. Des Weiteren sollte bedacht werden, dass Mehrsprachigkeit und Diversität einem globalen Einheitsidiom entgegenwirken können.

Hier liegen zweifelsfrei Chancen für das Überleben der obersorbischen Kultur und Sprache.

„Wenn die Deutschen lernten, in ihrer Größe mit uns, den wenigen, von gleich zu gleich zu leben: Welch ein neues Bild von Deutschland sähe die Welt!“[313]

(sorbischer Dichter Jurij Brezan)

---

[310]Die Betrachtung dessen sollte einer Selbstverständlichkeit obliegen, da die sorbische Geschichte auch ein Teil deutscher Geschichte ist und nicht separiert werden kann.
[311] Hierbei ist ein beidseitiges interkulturelles Lernen von sowohl Deutschen, als auch Sorben gemeint.
[312] Hierbei wären beispielsweise gemeinsame regionale Schulprojekte in der Lausitz von deutschen und sorbischen/bilingualen Schulen vorstellbar. Eine überregionale deutschlandweite Ausweitung wäre danach wünschenswert.
[313]Jurij Brezan: Mein Stück Zeit, Gustav Kiepenheuer Verlag, Berlin, 1998, S. 268

X. Quellen- und Literaturverzeichnis

Allkämper, Ute/ Schatral, Susanne *„Schulzeit", in: „Auf der Suche nach hybriden Lebensgeschichten. Theorie-Feldforschung-Praxis", Waxmann Verlag GmbH, Münster, 2005, Tschernokoshewa , Elka/ Jurić Pahor, Marija (Hrsg.)*

Anderson, Benedict *„Die Erfindung der Nation. Zur Karriere eines folgenreichen Konzepts" Campus Verlag GmbH , Frankfurt am Main, 2. Auflage, 2005*

Bachtin, Michail *„Rabelais und seine Welt. Volkskultur als Gegenkultur", Suhrkamp Verlag, Frankfurt am Main, 1987, Lachmann, Renate (Hrsg.)*

Balke, Lotar *„Über sorbische Volkstrachten", in: „Die Sorben in der Lausitz", Domowina-Verlag GmbH, Bautzen 1992, 2. stark bearbeitete Auflage 2003*

Bhabha, Homi K. *„Verortungen der Kultur", in: „Hybride Kulturen. Beiträge zur anglo-amerikanischen Multikulturalismusdebatte", Stauffenberg Verlag, o. O., o. J., Bronfen, Elisabeth/ Marius, Benjamin/ Steffen, Therese (Hrsg.)*

Bourdieu, Pierre *„Körperliche Erkenntnis", in: „Meditationen–Zur Kritik der scholastischen Vernunft", Suhrkamp Verlag, Frankfurt am Main, 2001*

Brezan, Jurij *„Mein Stück Zeit", Gustav Kiepenheuer Verlag, Berlin, 1998*

Cyz, Beno *„Die DDR und die Sorben-Eine Dokumentation zur marxistisch-leninistischen Nationalitätenpolitik", Domowina-Verlag, Bautzen, 1969*

Ehrhardt, Marie-Luise" *Die Krabat-Sage. Quellenkundliche Untersuchung zu Überlieferung und Wirkung eines literarischen Stoffes aus der Lausitz", N.G. Elwert Verlag, Marburg, 1982*

Faßke, Helmut *„Sprache", in: „Die Sorben in der Lausitz", Domowina-Verlag GmbH, Bautzen 1992, 2. stark bearbeitete Auflage 2003*

Hahn, Alois *„Überlegungen zu einer Soziologie des Fremden", in: „Simmel Newsletter", 1992*

Hall, Stuart *„Ideologie Identität Repräsentation, Ausgewählte Schriften 4", Argument Verlag, Hamburg, 2004, Koivisto Juah/Merkens, Andreas (Hrsg.)*

Hall, Stuart *„Kulturelle Identität und Diaspora", in: „Rassismus und kulturelle Identität–Ausgewählte Schriften 2", Argument Verlag, Hamburg, 1994, Mehlem, Ulrich/ Bohle, Dorothee/Gutsche, Joachim/Oberg, Matthias/Schrage, Dominik (Hrsg.)*

Hall, Stuart *„Kulturelle Identität und Globalisierung" in: „Widerspenstige Kulturen, Cultural Studies als Herausforderung", Suhrkamp Verlag, Frankfurt am Main, 1999, Hörning, Karl H/Winter, Rainer (Hrsg.)*

Huxoll, Johannes *„Lebenswege und kulturelle Alltagsperspektiven", in: „Auf der Suche nach hybriden Lebensgeschichten. Theorie-Feldforschung-Praxis", Waxmann Verlag GmbH, Münster, 2005, Tschernokoshewa , Elka/ Jurić Pahor, Marija (Hrsg.)*

Kobjela, Detlef *„Sorbische Musikkultur", in: „Potsdamer Beiträge zur Sorabistik. Sammelband zur sorbischen/wendischen Kultur und Identität." Universitätsverlag Potsdam, 2008, Norberg, Madlena/ Kosta, Peter (Hrsg.)*

Kunze, Peter *„Die preußische Sorbenpolitik 1815-1847", Domowina-Verlag, Bautzen 1978*

Kunze, Peter *„Die Sorben/Wenden in der Niederlausitz-Ein geschichtlicher Überblick", Domowina-Verlag, Bautzen, 2., durchgesehene Auflage 2000*

Kunze, Peter *„Zur Geschichte der Sorben", in: „Die Sorben in der Lausitz", Domowina-Verlag GmbH, Bautzen 1992, 2. stark bearbeitete Auflage 2003*

Ladenthin, Volker/ Schulp-Hirsch, Gabriele *„Identitätsprobleme-Pädagogische Schwierigkeiten mit einem Begriff", in: „Pädagogik UNTERRICHT", Heft 4, Dezember 2009, Wesel, Verband der Pädagogiklehrer und Pädagogiklehrerinnen (Hrsg.)*

Ladusch, Manfred *„Reise durch das Land der Sorben", in: „Die Sorben in der Lausitz", Domowina-Verlag GmbH, Bautzen 1992, 2. stark bearbeitete Auflage 2003*

Mayer, Ruth *„Diaspora. Eine kritische Begriffsbestimmung", transcript Verlag, Bielefeld, 2005*

Meschkank, Werner *„Vom Verhältnis der Kirche", in: „Potsdamer Beiträge zur Sorabistik. Sammelband zur sorbischen/wendischen Kultur und Identität." Universitätsverlag Potsdam, 2008, Norberg, Madlena/ Kosta, Peter (Hrsg.)*

Mirtschin, Maria *„Bildende Kunst", in: „Die Sorben in der Lausitz", Domowina-Verlag GmbH, Bautzen 1992, 2. stark bearbeitete Auflage 2003*

Norberg, Madlena *„Sind die sorbische/wendische Sprache und Identität noch zu retten?" In: „Potsdamer Beiträge zur Sorabistik. Sammelband zur sorbischen/wendischen Kultur und Identität." Universitätsverlag Potsdam, 2008, Norberg, Madlena/ Kosta, Peter (Hrsg.)*

Nünning, Ansgar*(Hrsg.) Metzler Lexikon Literatur- und Kulturtheorie, J. B. Metzler Verlag, Stuttgart, 2004*

Paulik, Božena *„Typisch Sorbisch?" In: „Die Sorben in der Lausitz", Domowina-Verlag GmbH, Bautzen 1992, 2. stark bearbeitete Auflage 2003*

Prange, Klaus *„Differentielle Identität oder: Auf der Suche nach dem verlorenen Selbst", in: „Ästhetik und Bildung. Das Selbst im Medium von Musik, Bildender Kunst, Literatur und Fotografie", Deutscher Studien Verlag, Weinheim, 1998, Hellekamps, Stephanie (Hrsg.)*

Ratajczak, Cordula *„Wandel von Raum-Wandel von Identität. Das Beispiel Mühlrose." In: „Potsdamer Beiträge zur Sorabistik. Sammelband zur sorbischen/wendischen Kultur und Identität." Universitätsverlag Potsdam, 2008, Norberg, Madlena/ Kosta, Peter (Hrsg.)*

Raupp, Jan/Wuschansky, Jurij *„Musik", in: „Die Sorben in der Lausitz", Domowina-Verlag GmbH, Bautzen 1992, 2. stark bearbeitete Auflage 2003*

Rekus, Jürgen/Ladenthin, Volker *„Identität im kulturellen Kontext-eine Unterrichtsreihe", in: „Pädagogik UNTERRICHT", Heft 4, Dezember 2009, Wesel, Verband der Pädagogiklehrer und Pädagogiklehrerinnen (Hrsg.)*

Robins, Kevin *„Beyond Imagined Community? Transnationale Medien und türkische MigrantInnen in Europa." In: „Identitätsräume. Nation, Körper und Geschlecht in den Medien. Eine Topografie." transcript Verlag, Bielefeld, 2004, Hipfl, Brigitte/Klaus, Elisabeth/Scheer, Uta (Hrsg.)*

Šatava, Leŏs, *"Ethnic Identity, Language Attitudes, and the Reception of Culture among Students of Sorbian Schools", in:"Changes in the heart of Europe, Recent Ethnographies of Czechs, Slovaks, Roma, and Sorbs", ibidem-Verlag, Stuttgart, 2006, McCajor Hall, Timothy/Read, Rosie (Hrsg.)*

Sieg, Sabine: *„Traditionen und Bräuche", in: „Die Sorben in der Lausitz", Domowina-Verlag GmbH, Bautzen 1992, 2. stark bearbeitete Auflage 2003*

Waldenfels, Bernhard, *„Zwischen den Kulturen",in:" Grundmotive einer Phänomenologie des Fremden", Suhrkamp Verlag, Frankfurt am Main, 2006*

Quellen aus dem Internet:

Assmann, Aleida/Bundeszentrale für politische Bildung,
http://www.bpb.de/files/OFW1JZ.pdf

Becker, Peter/AG Tourismus Raddusch: *„Die Sorben/Wenden in Raddusch",*
http://www.raddusch-spreewald.de/sorben.html

Becker, Peter/AG Tourismus Raddusch: *„Radduscher Spreewaldtrachten",*
http://www.radduscher-spreewaldtracht.de

Bilk, Jan *„Stawizny Serbow - Zur Geschichte der Sorben",*
http://www.sorben.de/kultura/Geschicht1.html

BR-Online *„Dialekt Bairisch in Gefahr", http://www.br-online.de/bayerisches-fernsehen/suedwild/dialekt-persoenlichkeit-und-mensch-tagesthema-ID123547449709.xml*

Brunnbauer, Ulf /FU Berlin: *„Multiethnizität und Minderheiten in Südosteuropa",*
http://userpage.fu-berlin.de/~ulf/begriffe.pdf

***Bürgerinitiative UMSIEDLER.SCHLEIFE**, http://umsiedler-schleife.de/index.php/Neuigkeiten-Vattenfall/*

***Hentschel, Jana/Höppner, Kris D.C.**, http://www.tu-dresden.de/sulifg/daf/sorben/index.html*

***Kino.to**, http://kino.to/*

***Meschkank, Werner/Sorbische Kulturinformation:** „Sorben/Wenden in der Niederlausitz", http://www.ski.sorben.com/site/docs/german/index.htm*

***Mitteldeutscher Rundfunk** „Das sorbische Programm", http://www.mdr.de/sorbisches-programm/173518.html*

***Mitteldeutscher Rundfunk** „Die Sorben – Was? Wann? Warum?", http://www.mdr.de/sorbisches-programm/rundfunk/1911300.html#absatz1*

***Oeter, Stefan** „Kurzgutachten Minderheitenpolitik und das bundesstaatliche System der Kompetenzverteilung", http://www.domowina.sorben.com/dokumenty/GutachtenOeter.pdf*

***Rundfunk Berlin-Brandenburg RBB**, http://www.rbb-online.de/luzyca/index.html*

***Scharf, Lars**, http://www.cottbus-und-umgebung.de/a1s0i72si0.html*

***Schiemann, Maria/Sorbische Kulturinformation:** „Stiftung für das sorbische Volk", http://www.ski.sorben.com/site/docs/german/index.htm*

***Sefkow, Erik** „Das Modellprojekt WITAJ", http://www.sorben.org/das-modellprojekt-witaj.html#more-632*

***Sefkow, Erik** „Die Sorben-Hintergrundwissen kompakt", http://www.sorben.org/tags/niedersorben/*

***Sefkow, Erik** „Eierschieben", http://www.sorben.org/eierschieben.html*

Sefkow, Erik *„Osterreiten 2009",*
http://www.sorben.org/themen/veranstaltungen/osterreiten/

Sefkow, Erik *„Sorbische Nationalhymne", http://www.sorben.org/sorbische-nationalhymne.html*

Sefkow, Erik *„Sorbischsprachige Zeitung-"Serbske Nowiny"",*
http://www.sorben.org/themen/wissenswertes/medien/

Sefkow, Erik *„Vogelhochzeit", http://www.sorben.org/vogelhochzeit.html*

Sefkow, Erik *„Wer sind die Sorben", http://www.sorben.org/*

Sefkow, Erik *„Zampern (Camprowanje)", http://www.sorben.org/zampern-camprowanje.html*

Sorbische Kulturinformation *„Jánske rejtowanje-Johannisreiten 24. Juni",*
http://www.ski.sorben.com/site/docs/german/index.htm

Sorbische Kulturinformation *„Janšojski bog-Jänschwalder Berscherkind",*
http://www.ski.sorben.com/site/docs/german/index.htm

Sorbische Kulturinformation *„Jatšy-Ostern",*
http://www.ski.sorben.com/site/docs/german/index.htm

Sorbische Kulturinformation *„Kokot",*
http://www.ski.sorben.com/site/docs/german/index.htm

Sorbische Kulturinformation *„Ptaškowa swajźba-Vogelhochzeit 25. Januar",*
http://www.ski.sorben.com/site/docs/german/index.htm

Sorbische Kulturinformation *„Sorbische Institutionen und Vereine im Haus der Sorben-Bautzen", http://www.sorben.com/Sorbs/indexck.htm*

Sorbische Kulturinformation *„Zymske naložki-Winterbräuche",http://www.ski.sorben.com/site/docs/german/index.htm*

Sorbische Kulturinformation, *http://www.sorben.com/Sorbs/indexck.htm*

Sorbische Kulturinformation,
http://www.sorben.com/Sorbs/strony/deutsch/dt3allg.htm

Sorbischer Superintendent Jan Mahling *„Sorben im Kirchenbezirk“,*
http://www.kirchenbezirk-bautzen.de/pages/sorben/sorben.html

Spreewald Marketing Service *„Sorbische Trachten und ihre Bedeutung“,*
http://www.spreewald-web.de/sorb_Trachten.0.html

Walde, Michael/Sorbische Mittelschule Ralbitz*: „Die einzige sorbische UNESCO-Projektschule der Welt“, http://www.schule-ralbitz.de/UnescoD.htm*

Welsch, Wolfgang/Institut für Auslandsbeziehungen e. V.*: „Kulturverständnis“,*
http://www.ifa.de/pub/kulturaustausch/archiv/zfk-2002/der-dialog-mit-dem-islam/welsch/

Wikimedia Foundation Inc*. „Oberlausitz“, http://de.wikipedia.org/wiki/Oberlausitz*

WITAJ Sprachzentrum*, http://chroscicy.sorben.com/site/files/nemsce/index.html*

XI. Abbildungsverzeichnis

Sefkow, Erik *„Die Sorben-Hintergrundwissen kompakt“,*
http://www.sorben.org/tags/niedersorben/

XII. Anhang: Fragebogen

1. Alter: ______ Jahre

2. Geschlecht: weiblich ☐ männlich ☐

3. Konfession: katholisch ☐ evangelisch ☐ Sonstiges: ☐

4. Wohnort: ____________________

5. Herkunftsort: ____________________

6. Welcher Elternteil ist Sorbe/in? Mutter ☐ Vater ☐ Beide ☐

7. Als was empfinden Sie sich selbst? Sorbe/in ☐ Deutsche/r ☐ Beides ☐

8. Welche Sprache wurde bei ihren Eltern gesprochen?

Sorbisch ☐ Deutsch ☐ Beide ☐

9. Welche Schule haben Sie besucht? Bilinguale ☐ Deutsche ☐

10. Haben Sie gerne sorbisch gelernt? Ja ☐ Nein ☐

11. Hatten/haben Sie mehr Freunde/Bekannte mit sorbischen Eltern oder mit deutschen Eltern?

Sorbische Eltern ☐ Deutsche Eltern ☐ Gleich viele ☐

12. Wenn Sie aus der Lausitz weggezogen sind, erläutern Sie bitte, warum:

____

13. Wenn Sie nicht aus der Lausitz weggezogen sind, erläutern Sie bitte, warum nicht:

____

14. Wenn Sie Kinder haben, wie sprechen Sie mit diesen?

Sorbisch ☐ Deutsch ☐ Beide ☐

15. Wenn Sie Kinder haben, haben Sie sorbische oder deutsche Bräuche und Traditionen mit in die Erziehung übernommen?

Sorbische ☐ Deutsche ☐ Sowohl sorbische, als auch deutsche ☐

Wenn ja, welche: ____

16. Wenn Sie irgendwann Kinder haben sollten, möchten Sie diese zweisprachig erziehen?

Wenn ja, warum? ____

Wenn nein, warum nicht? ____

17. Möchten Sie auch mit ihren Kindern sorbische Bräuche ausführen, die Sie in Ihrer Kindheit mit Ihrer Familie gemacht haben? Ja ☐ Nein ☐

Wenn ja, welche Bräuche? ____

18. Ist Ihr Partner/Ihre Partnerin auch Sorbe/Sorbin? Ja ☐ Nein ☐

Wenn ja, war das ihnen wichtig? (Bitte begründen sie dieses)

____

19. Wenn Sie zurzeit keinen Partner haben, sollte Ihr zukünftiger Partner Sorbe/Sorbin sein?

Ja ☐ Nein ☐ Egal☐

Wenn ja, warum: ____

Wenn nein, warum nicht: ______________________________________

20. Benutzen Sie sorbisch im öffentlichen Leben (beim Einkaufen, in öffentlichen Einrichtungen…)?

Ja, immer☐ Ja, oft☐ Ja, manchmal ☐ Selten ☐
Nein, nie ☐

21. Lesen Sie eine sorbische Zeitung oder sorbische Bücher? Ja☐ Nein ☐

22. Hören Sie sorbisches Radio? Ja ☐ Nein ☐

23. Hören Sie sorbische Musik? Ja ☐ Nein ☐

24. Sehen Sie sorbisches Fernsehen oder sorbische Filme? Ja ☐ Nein ☐

25. Nutzen Sie sorbische Freizeit- und Kultur-Angebote? Ja ☐ Nein ☐

Wenn ja, welche? ____

26. Sind Sie Mitglied in einem sorbischen Verein? Ja☐ Nein ☐

Wenn ja, in welchem? ____

27. Nach welchen sorbischen Traditionen/Bräuchen leben Sie heute noch?

____

28. Trägt bei Ihnen in der Familie (auch Sie können gemeint sein) jemand <u>fast täglich</u> eine Tracht? Ja ☐ Nein ☐

Wenn ja, wer? ____________________

29. Trägt bei Ihnen in der Familie (auch Sie) jemand zu <u>bestimmten festlichen Anlässen</u> eine Tracht? Ja ☐ Nein ☐

Wenn ja, wer? ____________________

30. Glauben Sie, dass die Sorben sich von den Deutschen unterscheiden?

Ja ☐ Nein ☐

Wenn ja, worin? ____________________

31. Was glauben Sie, denken Deutsche über Sorben? (Positives und Negatives)

____

32. Was denken Sie, als Sorbe, über die Deutschen? (Positives und Negatives)

____

33. Glauben Sie, dass die Sorben in der Lausitz in Deutschland benachteiligt werden? Ja ☐ Nein ☐

Wenn ja, worin? ____________________

34. Wenn Sie einen hohen politischen Einfluss hätten, was würden Sie für die Sorben machen wollen/welche Rechte und Gesetze würden Sie einführen wollen?

____

35. Spricht man in Ihrer Familie über die DDR als eine positive oder negative Zeit im Hinblick auf die Entwicklung der kulturellen Identität der Sorben?
Positiv ☐ Negativ ☐ Weder, noch ☐ Sowohl, als auch ☐

Wenn positiv, worüber: ____________________

Wenn negativ, worüber: ____________________

36. Sehen Sie den Braunkohlebergbau als eine Gefährdung der sorbischen Kultur in der Lausitz?

Ja ☐ Nein ☐ Keine Ahnung ☐

Wenn ja, warum? ____________________